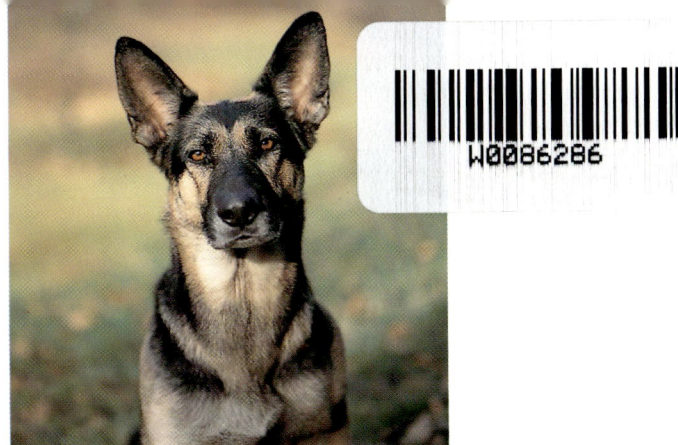

Schäferhunde

Reiner Voltz

Schäferhunde

Erziehung · Pflege · Ernährung

FALKEN

❧ Inhaltsverzeichnis ❧

≈ In den Top ten ganz oben: ≈ der Deutsche Schäferhund

eine Beliebtheit hat viele Gründe

Knapp 500 000 Deutsche Schäferhunde gibt es in der BRD. Jährlich werden ca. 30 000 Welpen in das offizielle Zuchtbuch des **Vereins für Deutsche Schäferhunde (SV)** eingetragen.
30 000 von den insgesamt etwa 100 000 Welpeneintragungen aller im **Verband für das Deutsche Hundewesen (VDH)** organisierten Rassehundezuchtvereine fallen jedes Jahr auf die nicht nur in Deutschland beliebteste Hunderasse: den Deutschen Schäferhund.
Berücksichtigt man zudem, daß unter den schätzungsweise vier Millionen Hunden, die es derzeit in Deutschland gibt, jeder dritte ein Mischling ist und unter diesen die schäferhundähnlichen Kreuzungen auch den Ton angeben, dann wird die Dominanz dieser Rasse besonders eindrucksvoll gezeigt.

Unter den Top ten in Deutschland ist der Schäferhund unangefochten auf Platz eins, gefolgt von den Dackeln, den Pudeln und den im Modetrend liegenden Westies. Auch in Frankreich führt er die Beliebtheitsskala vor dem Labrador (bei uns besser bekannt als Retriever) und dem kleinen Yorkshire Terrier an, während er in England, dem Mutterland der Rassehundezucht, auf Platz zwei, hinter dem Retriever, zu finden ist.
Kaum ein anderer Hund gerät so oft in die Schlagzeilen der Presse wie der Schäferhund. Er steht im Mittelpunkt, wenn es um die Rettung von Lawinenopfern geht oder um die Bergung von Erdbebenopfern, aber auch leider dann, wenn Menschen und vor allem Kinder Opfer mißbrauchter Kreaturen geworden sind. Dabei eignet sich als sozialer Gefährte des Menschen keine andere Hunderasse besser.
Keine kann dem Deutschen Schäferhund als Diensthund der Behörden das Wasser reichen, ob in der Ver-

brechensbekämpfung, im Wachdienst, im Personen- und Objektschutz oder als Rauschgift- und Sprengstoffspürhund.

Kurzum, Schäferhunde dominieren auf der ganzen Welt als Helfer von Polizei, Zoll und Militär. Nach Angaben des SV und der diensthundehaltenden Behörden sind über 90% aller Diensthunde auf der ganzen Welt Deutsche Schäferhunde.

Ein solcher Siegeszug einer Hunderasse ist in der Weltgeschichte der Kynologie wohl ohne Beispiel. Keine Frage, jede der 340 von der **Federation Cynologique International** (FCI) anerkannten Rassen hat ihren eigenen Reiz, spezifische Vorzüge und wird dem Deutschen Schäferhund an Treue und Anhänglichkeit kaum nachstehen. Keine Frage aber auch, daß kein anderer Hund eine derartige Vielfalt an Einsatzmöglichkeiten mitbringt. Egal, ob als Schutz-, Rauschgift- oder Sprengstoffsuchhund, als Rettungs- und Lawinenhund, als Blindenführhund oder als Gefährte im krankentherapeutischen Bereich, als Hütehund, als Partner im Hundesport oder einfach als Familienhund – der Deutsche Schäferhund besitzt in all diesen Bereichen ein Höchstmaß an Qualifikation, vorausgesetzt, die vorhandenen Anlagen

konnten sich bei artgerechter Haltung, Erziehung und Ausbildung entwickeln.

Auf eigenen Pfoten allein hätten es die Schäferhunde sicherlich nicht geschafft, die beliebteste Hunderasse der Welt zu werden.

Dahinter stehen planvolles züchterisches Wirken, fundiertes Know-how in einer leistungsorientierten Ausbildung sowie eine Organisation von internationalem Rang. Diese drei Faktoren bringt der Gründerverein dieser Rasse, der Verein für Deutsche Schäferhunde, unter einen Hut.

Ein wenig Geschichte gefällig?

Um die Jahrhundertwende hatte sich die deutsche Kynologie, die damals noch in den Kinderschuhen steckte, zunächst den ausländischen Hunderassen zugewandt. Mit der Zeit gewannen aber auch deutsche Rassen an Interesse, so zum Beispiel die Doggen und die Pinscher.

Der Schäferhund war weithin unbekannt. Die ursprünglichen Züchter dieser Hunderasse, die Schäfer und Landwirte, hatten kaum Neigung und Zeit, sich am Hundesport oder gar an der hobbymäßigen Hundezucht zu beteiligen. Sie betrieben aber mit ihren Hütehunden eine für sie durchaus berechtigte und zweckentsprechende Leistungszucht.

Im ersten deutschen Hundestammbuch von 1880 wurden sie überhaupt nicht erwähnt. Im zweiten Teil des Stammbuches wurden immerhin schon „Schäferhunde" registriert – allerdings handelte es sich hierbei um die englischen Collies.

Wie sollten sich auch diese Arbeitshunde mit ihrem eisgrauen oder schmutzigschwarzen Fell, die eher verwilderten Bastarden glichen, in der Konkurrenz der schmucken Herdenhüter behaupten?

Zumal die deutschen Schäferhunde jener Zeit von unterschiedlichstem Aussehen waren:

der Holsteiner Schlag mit hellem Fell, spitzartigem Gesicht, kurzer Schnauze und längeren Haaren; der silbergraue Braunschweiger Typ mit dem schwarzen oder hellen Flecken, hochbeinig und mit längerer Schnauze; der wendige Sächsische Typ mit Stehohren und Ringelrute; der wuchtige Württemberger mit Hängeohren, dem es allerdings an Gewandtheit mangelte sowie der drahtig nervige graubraune mit Stehohren aus Thüringen.

■ *Uran, der Stammvater von rund 2 000 Schäferhunden (links). Rittmeister von Stephanitz, Gründer des SV (rechts)*

Diese rasselosen Arbeitshunde wären wohl nie in die Arenen der Hundezucht geraten, hätte nicht der junge Adjutant Max-Emil-Friedrich von Stephanitz aus Grafrath während eines Manövers der Deutschen Kürassiere einen Schäfer bei der Arbeit beobachtet.

Fasziniert vom Temperament und den Leistungen der Hunde, beschloß von Stephanitz einen Hund zu züchten, der dem Menschen als Gefährte und Helfer zur Seite steht.

Für dieses Vorhaben kaufte er von einem Herrn Sparwasser aus Frankfurt einen Herdengebrauchshund, den jungen Hektor vom Linksrhein. Der Hundekenner Stephanitz entwarf mit diesem Hund einen Standard, der bis heute für den Deutschen Schäferhund Gültigkeit hat.

Der Stammvater aller Schäferhunde

Am 22. April 1899 wurde der Grundstein für die planmäßige Zucht des Deutschen Schäferhundes gelegt. Auf einer allgemeinen Hundeausstellung in Karlsruhe stellte von Stephanitz seinen Hektor, den er in Horand von Grafrath umgetauft hatte, den Juroren vor. Unter den Nennungen waren auch einheimische Hütehunde zu finden, äußerlich zwar noch recht unterschiedliche Exemplare, im Wesen aber durch die über Jahrhunderte betriebene Auslesezucht recht einheitlich veranlagte, gelehrige Herdengebrauchshunde. Am selben Tag gründete Rittmeister von Stephanitz mit 13 weiteren passionierten Gebrauchshundefreunden den Verein für Deutsche Schäferhunde. Fünf Monate später, am 20.09.1899 gab sich der Verein in Frankfurt auf seiner ersten Mitgliederversammlung eine eigene Satzung, beschloß die Rassekennzeichen des Deutschen Schäferhundes und legte ein eigenes Zuchtbuch auf, dessen erste Eintragung Horand von Grafrath war, wenn man so will, der Stammvater der Deutschen Schäferhundzucht.

Der Rassestandard des Deutschen Schäferhundes

Zugegeben, die Unterschiede zwischen den einzelnen Hunden sind für den Laien kaum zu erkennen. Was ein geübter Züchter, ein Zuchtrichter oder ein Körmeister an anatomischen Vorzügen und Nachteilen auf den ersten Blick wahrnimmt, bleibt vielen Laien meist verborgen.

Im festgelegten Rassestandard für Deutsche Schäferhunde heißt es: „Der Deutsche Schäferhund, mit dessen planmäßiger Züchtung im Jahre 1899 nach Gründung des Vereins begonnen wurde, ist aus den mitteldeutschen und süddeutschen Schlägen der damals vorhanden gewesenen Hütehunde herausgezüchtet worden mit dem Endziel, einen zu hohen Leistungen veranlagten Gebrauchshund zu schaffen."

Der Deutsche Schäferhund als Gebrauchshund muß demnach so gebaut sein, daß er bei geringstem Kraftaufwand die höchstmögliche Leistung bringt. Das setzt einen Körperbau voraus, der harmonisch und ausgeglichen ist, das heißt keine Über- oder Untertreibungen in bezug auf die Winkelungen, die Größe, das Gewicht usw. aufweist. Im allgemeinen steht Zweckmäßigkeit vor Schönheit.

Die äußeren Kennzeichen

Der Deutsche Schäferhund gehört zu den mittelgroßen Rassen. Die ideale Widerristhöhe beträgt bei den Rüden 60 bis 65 cm und bei den Hündinnen 55 bis 60 cm. Der Hund soll leicht gestreckt, das heißt im Rumpf etwas länger als die Widerristhöhe sein. Zu große Hunde sind nämlich entweder zu schwer oder hochläufig, zu kleine zu leicht oder haben zu kurze Laufknochen. Kraft, Ausdauer, Wendigkeit und Schnelligkeit kann nur der mittelgroße, entsprechend kräftige Hund haben.

Der Deutsche Schäferhund ist ein Traber. Er verfügt über ein leicht gestrecktes Gebäude, denn er muß lange Strecken mit geringstem Kraftaufwand ausdauernd traben. Der sogenannte Mitteltrab ist die natürlichste Fortbewegungsart des Schäferhundes. Voraussetzung für raumgreifende Schritte ist die richtige Winkelung der Gliedmaßen. Nur durch eine korrekte Winkelung der Hinterhand treffen die Hinterläufe auf die Trittsiegel der Vorderläufe oder sogar noch darüber. So nimmt der Traber in der Bewegung eine annähernd waagrechte Haltung ein. Die durch die Hinterhand eingeleitete Vorwärtsbewegung wird über Kruppe und Rücken auf die Vorhand übertragen. Deshalb sind Länge und

Lage der Kruppe und ein kurzer, straffer Rücken für einen guten Traber von großer Bedeutung. Der Vorhand kommt die Aufgabe zu, die Bewegung nach vorne zu vollenden sowie den Körper aufzufangen. Entscheidend für eine größtmögliche Schrittweite ist die richtige Winkelung der Vorhand mit richtiger Länge und Lage von Oberarm und Schulterblatt.

Man unterscheidet drei Arten der Bewegung: Schritt, Trab und Galopp. Im Schritt und Trab geht der Hund „über Kreuz", er führt nicht wie im fehlerhaften Paßgang die Läufe einer Seite zugleich nach vorne, sondern mit dem linken Hinterlauf bewegt

sich der rechte Vorderlauf nach vorn und umgekehrt.

Das Fell des Deutschen Schäferhundes ist stockhaarig mit dichter, fester Unterwolle. Hunde mit Langhaar ohne Unterwolle werden mit einer Nachzuchteintragungssperre belegt, da ein solches Fell nicht ausreichend vor Verletzungen und Witterungseinflüssen schützt.

Die Farbe soll kräftig und satt sein. In der gesamten Nutztierzucht wurde beobachtet, daß mit Verblassen der Farbe meist auch ein Nachlassen der inneren Gefügefestigkeit und der Widerstandsfähigkeit gegenüber Krankheiten verbunden ist.

Auch sie gehören zur Rasse der Schäferhunde: Belgische Schäferhunde wie der Groenendael und die britischen Verwandten, Collie und Bobtail

Sogenannte schwarze Tiere haben ein schwarzgelbes Fell mit regelmäßig verteilten lohfarbenen bis braunroten Abzeichen. Es kommen auch verschiedene graue Tönungen sowie viele Braun- und Rottöne vor.
Der Kopf des Schäferhundes soll der Körpergröße bzw. der Gesamterscheinung entsprechend. Der Fang ist kräftig, die Lippen sind straff, trocken und gut anschließend.
Der Schäferhund hat ein Scherengebiß, das heißt die Schneidezähne greifen scherenartig übereinander. Das vollständige Gebiß hat 42 Zähne, 20 im Oberkiefer und 22 im Unterkiefer. Das Welpengebiß weist nur 28 Zähne auf, es fehlen die Prämolaren 1 und die Molaren.
Die Ohren sind mittelgroß, am Grund breit und hoch angesetzt. Sie laufen spitz aus und sind mit der Muschel nach vorne geöffnet. Die Augen haben Mandelform, liegen leicht schräg und sollen nicht hervortreten.

Die Verwandtschaft im Ausland

Über 40 anerkannte eigenständige Schäferhundrassen sind bei dem kynologischen Weltverband, der FCI registriert. Die meisten von ihnen fristen allerdings ein exotisches Dasein und haben weder in ihrem Ursprungsland noch in Deutschland

eine nennenswerte Population aufzuweisen.

Dem Deutschen Schäferhund noch am ähnlichsten und am nächsten verwandt sind seine westeuropäischen Nachbarn aus Belgien und Frankreich. Es gibt allein sechs Arten des Belgischen Schäferhundes, von denen der **Malinois** der bekannteste ist und im Hundesport und bei den diensthundhaltenden Behörden wegen seiner Robustheit geschätzt wird. Er ist rotbraun mit dunkler Maske und hat an Kopf und Gliedmaßen sehr kurzes Haar. Zu einem Welpenpreis von etwa 1 000 DM ist er in Deutschland zu haben. **Groenendael** und **Tervuren** sind zwei weitere belgische Schäferhunde, die auch im deutschsprachigen Raum ihre Liebhaber finden. Der französische **Briard** (Berger

de Brie) bringt es in Deutschland auf eine stattliche Anzahl von Zuchtaktivitäten.

So wurden 1992 300 Welpen ins offizielle Zuchtbuch eingetragen. Im Schnitt kostete ein Welpe zwischen 1 300 und 1 500 DM. Der Briard ist etwas größer als sein deutscher Verwandter und kommt in allen Farbvariationen außer weiß vor; er trägt ein langes, festes Fell. In Frankreich wird er als Hütehund noch intensiv eingesetzt.

Die weitere Schäferhundverwandtschaft hat mit dem deutschen Urtyp kaum Gemeinsamkeiten. Genannt seien hierbei nur der Collie und der Bobtail, die mit ihrer früheren Nutzung als britische Hütehunde heute eigentlich nur noch den Namen gemein haben.

Wer die Wahl hat, hat die Qual

as Für und Wider des Deutschen Schäferhundes

Schäferhunde – ob Rüde oder Hündin – sind robuste Naturen, die beschäftigt werden wollen. Sie verlangen neben einer konsequenten und artgerechten Erziehung, Durchsetzungsvermögen und körperliche Fitneß auch vom Halter. Sie sind relativ problemlos, was die tägliche Pflege anbelangt, aber sie sind anspruchsvoll, was den Umgang mit ihnen betrifft.

Schäferhunde sind geborene Arbeitstiere mit hoher Belastbarkeit im physischen wie im psychischen Bereich. Nicht umsonst sind weltweit über 90% aller Diensthunde bei der Polizei, Militär und sonstigen Behörden Deutsche Schäferhunde. Seit Jahrzehnten besetzen sie die Schlüsselpositionen bei der Rauschgiftsuche, wo höchste Sensibilität gefordert wird, ebenso, wie beim Aufspüren von Verschütteten in Katastrophenregionen, wo es auf Nervenfestigkeit und körperliche Belastbarkeit ankommt. Wer sich einen Schäferhund zulegen möchte, sollte an diese Anlagen denken, die in seinem Hausgenossen schlummern. Sie brach liegen zu lassen, käme Nachlässigkeit gleich. Wer also einen Schoßhund für die täglichen Streicheleinheiten sucht oder wer einen Modehund vorzieht, der ist mit einem Schäferhund falsch beraten.

Wer zudem durch seinen Beruf nur über eine ohnehin knapp bemessene

Freizeit verfügt, in der auch noch andere Hobbys ihren festen Platz haben, sollte überlegen, ob er nicht lieber ganz auf einen Vierbeiner verzichtet.

Hunde sind soziale Lebewesen, die den ständigen Kontakt zur Umwelt benötigen und die niemals isoliert gehalten und sich selbst überlassen werden sollten. Dies gilt allemal für große Hunde.

Ein Schäferhund, in einer Dreizimmerwohnung ohne genügende Betreuung und tägliche Bewegung zu halten, ist – ohne zu übertreiben – ausgemachte Tierquälerei!

Wer sich hingegen nach einem sportlich belastbaren, vielseitigen und temperamentvollen Familienhund umsieht und auch selbst in der Lage ist, genügend Zeit für die Erziehung, die Ausbildung und die Fitneß des Vierbeiners einzubringen, liegt mit einem Deutschen Schäferhund goldrichtig.

Anpassungsprobleme

Spezifische Probleme gibt es bei den Schäferhunden nicht, dies vorweg. Umstellungen sind für Hunde immer schwierigere Lebens- und Lernphasen, zumal wenn es in eine absolut fremde Umgebung mit anderen Haltungsbedingungen geht. Haben Sie

Geduld, und geben Sie Ihrem Freund Zeit, sich zurechtzufinden. Aber lassen Sie ihn die ersten Tage möglichst wenig allein. Unseren Tagesablauf müssen wir gerade in der Zeit der Eingewöhnung auf den neuen Hausgenossen abstimmen. Ideal ist, wenn in diese Phase einige Urlaubstage eingebunden werden können, damit man genügend Zeit hat, den Hund Schritt für Schritt auf seine neue Umgebung einzustellen.

Sportliche Menschen finden im Schäferhund einen idealen Partner für ihre Fitneßaktivitäten. Was macht mehr Spaß, als Jogging mit seinem Vierbeiner gemeinsam zu betreiben oder ihn bei ausgiebigen Wanderungen teilnehmen zu lassen? Auch als Begleiter am Fahrrad bei kleineren Spazierfahrten in die Umgebung eignet sich dieser Langstreckenläufer. Wissenschaftler haben übrigens herausgefunden, daß durchtrainierte Hütehunde täglich bis zu 60 km auf den vier Pfoten sind. Aber Vorsicht, muten Sie Ihrem Sportfreund nicht zu viel zu, und berücksichtigen Sie Kondition und Konstitution.

Bei regelmäßigem Training können Sie Ihrem Hund schon 10–15 km mit Zwischenpause zum Verschnaufen gönnen. Allerdings werden in unserer Zeit Hunde selten konditionell überfordert, das Gegenteil mit all seinen gesundheitlichen Nachteilen ist wesentlich häufiger anzutreffen! Bequemere Zeitgenossen, die sich mehr der Muse als der Körperertüchtigung in ihrer Freizeit verbunden fühlen, sollten andere Prioritäten setzen und auf solch ein Lauftier verzichten. Ein Hund, egal welcher Rasse, hat eine durchschnittliche Lebenserwartung von mindestens zehn Jahren. Ältere Menschen sollten dies bei der Anschaffung in ihre Überlegung einbeziehen. Dem Hund kann unter Umständen der Weg ins Tierasyl erspart werden, falls die eigenen Körperkräfte zur Pflege und Betreuung des Tieres nachlassen.

Der Schäferhund als Zweithund

Nicht unproblematisch ist die Entscheidung für einen zweiten vierbeinigen Hausgenossen immer dann, wenn der Erstbewohner kein ausgeprägtes Sozialverhalten gegenüber anderen zeigt. Was bei Welpen und Junghunden noch relativ unkompliziert ist, kann bei erwachsenen Tieren zu harten Auseinandersetzungen um die Rangordnung führen, die nur durch konsequentes und strenges Einwirken zu überstehen sind.

Am besten sorgt man dafür, daß die beiden sich im freien Gelände kennenlernen. Erst wenn Sie überzeugt sind, daß sich die Hunde gegenseitig akzeptieren, gehen Sie mit ihnen zusammen nach Hause.

Idealerweise sollte dieses erste Kennenlernen vor dem Kaufentscheid stattfinden, denn so ersparen Sie sich Ärger. Hat die Hundepartnerschaft nach Ihren ersten Eindrücken eine Chance, dann gehen sie mit viel Geduld ans Werk. Greifen Sie konsequent ein, wenn sich Spannungen aufbauen und Rivalitäten entwickeln. Das „Leittier", dem sich von nun an beide Hunde unterzuordnen haben, sind Sie, und hieran darf für beide Tiere nicht die Spur eines Zweifels bestehen!

Allerdings sollte man den Rivalen die Möglichkeit der an sich ungefährlichen Rangordnungsrituale schon einräumen, da sie ihrem artgemäßen Verhalten im Rudel entsprechen. Erst wenn keiner von beiden mehr knurrt, bellt, droht oder davonläuft, erst wenn sich keiner mehr durch die Bewegungen des anderen aus der Ruhe bringen läßt, können Sie davon ausgehen, daß die gegenseitige Akzeptanz vollzogen ist.

Bevor Sie aber die beiden Vierbeiner sich selbst überlassen, sollten auf jeden Fall die Hunde die ersten Tage unter Ihrer Aufsicht sein.

Andere Haustiere

Erst wenn sich Ihr Hund ein wenig akklimatisiert hat und die erste Aufregung um das neue Zuhause vorüber ist, können Sie auch Ihre anderen Haustiere ins Spiel bringen.

Kleintiere wie Vögel und Hamster, die nahezu ausschließlich in gut gesicherten Käfigen gehalten werden, machen wohl kaum Probleme. Allerdings sollte man bedenken, daß jeder Hund diese Tiere als natürliche Beutetiere betrachtet und dementsprechend von ihnen und ihren Behausungen fernzuhalten ist. Schwieriger wird es bei Katzen, zumal wenn die Tiere nicht von klein auf aneinander gewöhnt sind.

Kind und Hund

Schäferhunde sind von Natur aus kinderlieb. Wenn das Kind lernt, mit dem vierbeinigen Hausgenossen richtig umzugehen, dann kann sich zwischen beiden eine dicke Freundschaft entwickeln, die ein ganzes Hundeleben anhält.

Trotzdem verunsichern Zeitungsmeldungen immer wieder, wenn es um gelegentliche Zwischenfälle geht, bei denen Kinder zu Schaden kommen und der Schäferhund in die Ecke des bösen Wolfes gedrängt wird.

Eines vorweg, aggressive Hunde, die durch ihr Verhalten zu einer Gefahr für den Menschen werden, sind ein Produkt mangelhafter bzw. falscher

Erziehung und nicht rassespezifisch oder gar genetisch fixiert. (Sieht man einmal von einigen Zuchtperversionen wie Pitbulls und dergleichen ab, die in der sogenannten Kampfhunde-Diskussion für Schlagzeilen sorgten.) Schäferhunde sind an sich nicht problematischer als andere vergleichbare Gebrauchshunderassen.

Daß sie schlagzeilenträchtiger sind, ist in erster Linie auf ihre hohe Verbreitung zurückzuführen; schließlich ist fast jeder dritte Rassehund in der Bundesrepublik Deutschland ein Deutscher Schäferhund.

Untersuchungen von Unglücksfällen zwischen Mensch und Hund haben immer wieder bestätigt, daß der Mensch die Verant-

wortung trägt, wenn aus dem von Natur aus friedfertigen Vier-beiner ein unberechenbarer Beißer wird. Kinder sollten von klein auf lernen, mit Hunden artgemäß umzugehen. Eine Forderung, die nicht nur von Erziehern und Lehrern, sondern auch von Verhaltensforschern und Kynologen immer wieder erhoben wird.

Einen wertvollen Beitrag haben in diesem Zusammenhang der Verein für Deutsche Schäferhunde (SV) und der Verband für das Deutsche Hundewesen (VDH) geleistet.

Mit der Broschüre „12 Goldene Regeln" haben sie eine sehr lehrreiche, auf das Grundschulalter zugeschnittene Informationsschrift geschaffen, die in der Öffentlichkeit auf sehr positive Resonanz stieß.

Sie kann kostenlos über den SV oder den VDH bezogen werden. Die folgenden zwölf Regeln sollte jedes Kind im Umgang mit Hunden beherzigen:

Zwölf goldene Regeln für die Hundehaltung

1. Behandle einen Hund so, wie du selbst behandelt werden möchtest!

2. Ein Hund kann noch so lieb aussehen – geh nicht (ohne zu fragen) zu ihm hin!

3. Vermeide alles, was ein Hund als Bedrohung auffassen könnte!

4. Schau einem Hund nicht starr in die Augen!

5. Komme nicht in Schwanznähe, versuche nicht, daran zu ziehen und trete nicht darauf!

6. Störe keinen Hund beim Fressen! Versuche nicht, ihm sein Futter wegzunehmen!

7. Wenn du mit einem Hund spielst, achte darauf, seinen Zähnen nicht zu nahe zu kommen!

8. Versuche nie, raufende Hunde zu trennen!

9. Egal, ob du Angst hast oder nicht. Laufe nie – unter gar keinen Umständen – vor einem Hund davon!

10. Du hast zwei Hände. Der Hund hat nur seine Zähne, um etwas festzuhalten!

11. Wenn ein Kind mit einem Hund spielt, sollte ein Erwachsener in der Nähe sein!

12. Kein Hund ist wie der andere!

Der Familienhund

Der Deutsche Schäferhund ist ein idealer Familienhund! Richtig erzogen, paßt er sich als Rudeltier in den Familienverband ein und akzeptiert seine ihm zugewiesene Position. Kommt es trotzdem zu Angriffen des Hundes auf den Menschen, so lassen sich diese im wesentlichen drei Verhaltensbereichen zuordnen, die im folgenden näher erläutert werden. Diese Darstellungen sollen aber der Vorstellung nicht Vorschub leisten, Hund und Mensch stünden in ihrem Zusammenleben vor unüberwindlichen Hindernissen. Die Fähigkeit des Hundes, sich an den Menschen anzupassen, ist ein einmaliges biologisches Phänomen. Es liegt an uns Menschen als die intellektuell überlegenere Art, dieser Gemeinschaft zum Erfolg zu verhelfen. Nicht der Hund muß lernen, wie ein Mensch in der Familie zu leben, sondern wir wie ein Wolf im Rudel!

◆ *Die territoriale Verteidigung*

„Rudelfremde" Eindringlinge werden im Revier des Hundes angegriffen. Hierzu gehört das wütende und lautstarke Drohen, Bellen und Zähnefletschen hinter dem Gartenzaun. Beim Betreten des Reviers greift sogar manch sonst friedfertiger Hund direkt an. Regelmäßig wiederholtes Eindringen, zum Beispiel des Postboten, führt oft zu regelrechten Aversionen. Außerhalb des unmittelbaren Reviers (Garten, Hof, Wohnung) schwächt sich die Angriffslust spürbar ab, kann aber in bekanntem Gelände immer noch hoch sein.

Nur in einem völlig fremden Bereich reagiert der sonst aggressive Hund auf Fremde sehr vorsichtig oder gar mit Flucht.

Ein richtig erzogener Schäferhund paßt sich als Rudeltier in einen Familienverband ein. Auch das Zusammenleben mit Kindern ist dann problemlos

◆ *Die soziale Rangordnung*
  in der Familie

Im Wolfsrudel herrscht eine strikte, meist altersbedingte und in der Regel vor allem über längere Zeit akzeptierte Rangordnung. Nur die beiden sogenannten Alphatiere haben ein „Sexualrecht" und kommen zur Fortpflanzung. Entsprechend begehrt sind diese Positionen, auch wenn unter Umständen Jahre vergehen müssen, bis sie erreicht werden.

Rudel des Hundes ist die menschliche Familie. Im Interesse eines geregelten Zusammenlebens ist die soziale Expansionstendenz bei den meisten Hunden deutlich schwächer als beim Wolf. Wenn es trotzdem zu rangordnungsbedingten Angriffen kommt, beruht dies stets auf einer Fehlleistung des Ranghöchsten der Familie. Weder die Gewährung einer zügellosen

Freiheit noch die zu starke Unterdrükkung entspricht dem individuellen Wesen eines jeden Hundes.

Der expansionsfreudige „Kopfhund" wittert seine Chance, der „Prügelknabe" wehrt sich. Meist richten sich die ersten Aggressionen hierbei gegen die körperlich schwächeren der Familie, gegen die Kinder und die Frau.

◆ *Die Jagd*

Auch wenn sie in der Regel ihre Nahrung vom Menschen bekommen, ist bei allen Hunden der Jagdinstinkt zumindest noch verkümmert vorhanden. Den Jagdtrieb lösen flüchtende oder sich heftig bewegende Lebewesen aus. Da vielen Hunden Jagderfahrung fehlt, kommt es häufig zu Fehlleistungen: Jogger, Radfahrer oder spielende und fallende Kinder werden angegriffen.

❦ Woher nehmen ❦ und nicht stehlen

Überlegungen zum Kauf

Wer kennt nicht die Versuchung, der man sich beim Anblick weniger Wochen alter Welpen gegenübersieht. Die knuddeligen kleinen Wollknäuel bewirken bei uns meist spontane Zuneigung und bei Kindern allerhöchste Begeisterung. Sie balgen ungezwungen miteinander und kommen freundlich und neugierig auf jeden Fremden zu, argwöhnisch beäugt von der Mutter. Nur allzu leicht geben wir dieser spontanen Versuchung nach, ohne an die langjährigen Konsequenzen eines Hundekaufes zu denken.

Der Weg durch die Zwingeranlagen eines Tierheimes ist für einen Tierfreund immer ein Erlebnis, das unter die Haut geht. Treue, oft schüchterne und verängstigte Hundeaugen schauen uns erwartungsfroh an, unser Mitgefühl meldet sich, und ein voreiliger Entschluß ist schnell gefaßt. Fernsehanstalten haben überdies mit großem Erfolg regelmäßige Sendungen in ihrem Programm, bei denen die Vermittlung von herrenlosen Haustieren im Mittelpunkt steht.

Was diese Beispiele deutlich machen, ist die Emotionalität, die bei jedem Hundekauf eine große Rolle spielt und leider nur allzu oft zu vorschnellen, ja unüberlegten Spontankäufen führt. Nicht ohne Grund rufen die Tierschutzorganisationen und die organisierten Zuchtvereine besonders vor Weihnachten auf, mit der Anschaffung eines Haustieres als Überraschungsgeschenk zurückhaltend zu sein. Strahlende Kinderaugen unter dem Weihnachtsbaum angesichts eines niedlichen Hundebabies sind sicherlich kein Ersatz für das unsägliche Leid, das vielen Hunden vorgezeichnet ist, wenn sie nach wenigen Wochen in den ohnehin schon überfüllten Tierheimen landen.

Die Degradierung zum Wegwerfartikel führt so alljährlich in der Nachweihnachtszeit zum Massenelend von ca. 50 000 Hunden.

Rüde oder Hündin?

Die Frage, Rüde oder Hündin sollte jeder für sich entscheiden. Das ist letztendlich Geschmackssache, denn es gibt keine gravierenden Unterscheidungsmerkmale, sowohl im körperlichen wie im seelischen Bereich. Sicherlich, Schäferhundrüden wirken maskuliner und sehen eindrucksvoller aus. Ihre Widerristhöhe beträgt beim ausgewachsenen Tier zwischen 60 und 65 cm, während es die Hündin „nur" auf 55 bis 60 cm bringt und insgesamt zierlicher wirkt.

Hündinnen werden zweimal im Jahr läufig, für manchen eine eher lästige

Niemand kann dem Anblick von kleinen, knuddeligen Welpen widerstehen

Begleiterscheinung, die jedoch der Robustheit und Ausgeglichenheit des Tieres keinen Abbruch tut. Rüden belästigen durch einen mehr oder minder ausgeprägten Sexualdrang und durch ihre Angewohnheit, Duftmarken an allen möglichen und unmöglichen Ecken zu hinterlassen. Übrigens sind sich auf deutschen und auf internationalen Meisterschaften Rüden und Hündinnen absolut ebenbürtig.

Die richtige Adresse

Die Entscheidung für einen Schäferhund in Haus oder Wohnung sollte
gründlich vorbereitet und mit der Familie besprochen sein. Wenn sie geprägt ist von Sachkenntnis, Verant-
wortungsgefühl und Tierliebe, steht
dem Gang zu einem seriösen Züchter
nichts im Wege.

Leider fällt der Laie immer wieder auf
scheinbar attraktive Verkaufsanzeigen
von Hundehändlern – meist in den
Wochenendausgaben der Tageszeitun-
gen – herein.

Auch Zoogeschäfte sind nicht die
richtige Adresse für einen Hundekauf.
Die irrige Annahme, wo es süße
Meerschweinchen und muntere Sing-
vögel gibt, sei auch der richtige Ort
für den Kauf eines Hundes, ist leider
noch immer nicht aus der Welt
geschafft.

Schlechte Aufzuchtverhältnisse, sehr
oft verbunden mit der verfrühten
Trennung vom Muttertier können beispielsweise ganz erhebliche Gesund-
heitsprobleme und psychische Störungen mit sich bringen.

Der vermeintlich günstige Kauf wird
bald zu einem schlechten Geschäft,
wenn selbst ein noch so geschickter
Tierarzt das bemitleidenswerte
Geschöpf nicht wieder auf die Beine
bekommt.

Was die dubiosen Hundehändler
anbelangt, so haben diese in der Regel die Elterntiere ihrer „Ware" nie zu
Gesicht bekommen und bieten trotzdem den Nachwuchs mit Überzeugung als „gesunde Rassehunde" an.
Wer sich einen Rassehund zulegen
möchte, sollte zu einem im Verband
für das Deutsche Hundewesen (VDH)
angeschlossenen Zuchtverein gehen.
Informationen erhalten Sie über die
VDH-Geschäftsstelle in Dortmund.
In Deutschland gibt es derzeit etwa
3 000 Züchter, die im Verein für
Deutsche Schäferhunde (SV) organi-
siert sind. Strenge Zuchtbestimmungen sorgen dafür, daß planvoll und
mit Augenmaß gezüchtet und nicht
vermehrt wird. Der Verein hat mit der
Einrichtung von örtlichen Zuchtwar-
ten und Tätowierern Kontrollinstan-
zen geschaffen, die auf die Einhaltung
der Zuchtvorschriften achten.

*Ein Welpe sollte munter und unbe-
fangen auf Sie zugehen*

In nahezu jeder größeren Gemeinde und Stadt gibt es eine oder mehrere Ortsgruppen, wo man autorisierte Ansprechpartner findet. Die SV-Vereinszentrale mit Sitz in Augsburg hilft ebenfalls gerne weiter und stellt Infomaterial und Kontaktadressen von Züchtern zur Verfügung.

Darüber hinaus hat der SV ein bundesweites Netz von Welpenvermittlungsstellen eingerichtet, deren aktuelle Adressen ebenfalls über die Hauptgeschäftsstelle in Augsburg zu beziehen sind.

Informieren Sie sich auch bei dem örtlichen Vereinszuchtwart über die Züchter in der Region und wo gegebenenfalls ein Wurf junger Welpen zu besichtigen ist.

Als erstes achte man bei dem Besuch eines Züchters darauf, daß die äußeren Bedingungen akzeptabel sind. Die Unterbringung der Hunde sollte einen gepflegten und sauberen Eindruck machen. Den Hunden muß nicht nur ein geräumiger, heller Zwinger zur Verfügung stehen, auch für Auslauf, Zuwendung und Familienkontakt muß gesorgt sein.

Die Anzahl der gehaltenen Hunde soll überschaubar sein. Regelrechte Zuchtstationen, wo auf engstem Raum gleichzeitig mehrere Würfe (womöglich noch verschiedenster Rassen) aufgezogen werden, sind abzulehnen.

Lassen Sie sich nach Möglichkeit die Elterntiere oder zumindest die Mutterhündin zeigen, und achten Sie auf ihr unbefangenes Auftreten. Übermäßige Aggressivität sind wie Angst, Schreckhaftigkeit und allgemeine Unsicherheit schlechte Indizien für ein artgemäßes Sozialverhalten.

Nehmen Sie ruhig auch den Züchter unter die Lupe. Zeigt er sich freundlich und aufgeschlossen, und ist er bereit, auf Ihre vielen Fragen mit Geduld und Sachverstand zu antworten? Übrigens, ein Züchter, dem etwas an der Zukunft seiner Welpen liegt, ist neugierig! Er erkundigt sich nach des Käufers Wohn- und Lebensverhältnissen und wird sich ein Bild machen wollen, ob es der Hundenachwuchs bei Ihnen auch gut hat.

Legen Sie sich bei Ihrem ersten Besuch nicht gleich fest. Vereinbaren Sie einen weiteren Termin, an dem alles klar gemacht werden kann. Nutzen Sie die Zwischenzeit, um sich bei einem anderen Züchter zu informieren. Hundekauf ist Vertrauenssache und sollte niemals übers Knie gebrochen werden!

Formalitäten

Rassereine Deutsche Schäferhunde erhalten nur über den hierfür autorisierten Zuchtverein, den SV, die sogenannten Rasse-Echtheitszertifikate, die vom Verband für das Deutsche Hundewesen (VDH) und der Federation Cynologique Internationale (FCI) anerkannt sind. Lassen Sie sich gegebenenfalls von Ihrem Züchter vergleichbare Papiere vorlegen um sicherzugehen, daß Sie sich nicht bei einem der schwarzen Schafe befinden.

Die Ahnentafeln („Rasse-Echtheitszertifikate") sind ein vereinsamtlicher Auszug aus dem Zuchtbuch, das der SV als Gründerverein der Rasse seit 1899 führt und das zur Zeit fast zwei Millionen eingetragene Hunde aufweist. Auch wenn es für den Laien oftmals schwer verständlich ist, enthält es doch wertvolle Hinweise auf die Ahnenreihe des Hundes und gibt Auskunft über die Qualität der Elterntiere bis in die vierte Generation der Ururgroßeltern zurück.

Die Ahnentafel beinhaltet nicht nur den Namen und die Abstammung der einzelnen Ahnen, sondern ebenfalls deren Leistungsnachweis (Schutzhund-Prüfungen mit „SchH" gekennzeichnet in den Schwierigkeitsstufen I, II und III) sowie Informationen über die Farbe der Geschwister, über Farbe, Ausbildungs-, Ausstellungs- und Körergebnisse der Eltern, Großeltern und deren Geschwister.

Beim Eigentumswechsel sind die entsprechenden Daten auf dem Dokument festzuhalten, so daß man beispielsweise bei einem Hund aus dritter Hand die Vorbesitzer exakt ermitteln kann.

Sogenannte Rote Papiere (aus Körzucht mit zwei angekörten Eltern) besagen, daß die Elterntiere hohen Anforderungen gerecht werden. Das heißt, sie haben mindestens eine Zuchtbewertung „gut" sowie eine Schutzhundeprüfung (SchHI) abgelegt, die 20-km-Ausdauerprüfung bestanden und wurden auf einer Zuchttauglichkeitsprüfung, der Körung, angekört. Nicht zu vergessen ist der

VEREIN FÜR DEUTSCHE SCHÄFERHUNDE (SV) E.V.

Rasse-Echtheitszertifikat

Körzucht-Leistungszucht-Ahnentafel

für den Deutschen Schäferhund **Valko vom Wildsteiger Land**

Geschlecht: **Rüde**   Haarart: **stockhaarig**
Farbe und Abzeichen: **schwarz, braune Abzeichen**

Besondere Kennzeichen: **P3unt.re.abgebr.,s.Bem.**   Tätowier-Nr. **R-K 3433**
Wurftag: **20. MAERZ 1990**   Wurfjahr: **NEUNZEHNHUNDERTNEUNZIG**

Züchter: **Martin Göbl**
Anschrift: **Schildschwaig 8, 8121 Wildsteig**

Inzucht auf: Geschwister:

Palme WildsteigerLand (4-2)   **Vedor sbA/**
Lasso ValSole (5,5-3)   **Vanta sbA/**
Wilma Kisselschlucht (5,5-5)   **Vara sbA/**
                            Veni sbA/
                            Vicki sbA/
                            Valli sbA/

Erläuterung über Wurfstärke: **2,5   Ammenaufzucht 0,1**

Die Verwendung der Ahnentafel und der Eintragungen in ihr, die Anfertigung von Abschriften, Auszügen oder Übernahme in andere Zuchtbücher ist nur mit ausdrücklicher Genehmigung des SV zulässig. Eintragungen und Einstempelungen in die Ahnentafel dürfen nur vom Zuchtbuchamt des SV vorgenommen werden. Ausgenommen hiervon sind die Eintragungen des Eigentumswechsels und über Aushändigung des Beurteilungs- und Bewertungsheftes sowie Einstempelung der HD-Röntgenstelle. Die Ahnentafel hat nur Gültigkeit, wenn sie vom Züchter eigenhändig unterschrieben ist; sie gilt als Urkunde im juristischen Sinne! Wer Ahnentafeln fälscht oder mit solchen Mißbrauch treibt, wird vom SV strafrechtlich verfolgt! Die Ahnentafel ist der schriftliche Nachweis über Rassereinheit, Name und Abstammung des Hundes und ist beim Verkauf dem neuen Eigentümer auszuhändigen. Sie bleibt stets im ausschließlichen Eigentum des SV. Bei Unklarheiten (wie z.B. zweifelhafte Identität des Hundes oder des Eigentumswechsels) kann der SV die Ahnentafel anfordern und gegebenenfalls auch einziehen. Beim Eingehen des Hundes ist sie an das Zuchtbuchamt einzusenden.

Bemerkungen: **Das Abbrechen des P3 unten rechts ist auf äußere Einwirkung zurückzuführen, laut tierärztlicher Bescheinigung Dr. Hartel. 09.12.1992 Das Zuchtbuchamt**

Für die Richtigkeit vorstehender Angaben: (Unterschrift des Züchters)   *Martin Göbl*

Eintragungs- und Prüfungsbestätigung: Der oben bezeichnete Deutsche Schäferhund ist in das Zuchtbuch für Deutsche Schäferhunde (SZ) eingetragen worden. Die Ahnentafel wurde ausgefertigt vom **Verein für Deutsche Schäferhunde (SV), Mitglied des Verbandes für das Deutsche Hundewesen (VDH) in der Fédération Cynologique Internationale (F.C.I.).** Die Abstammungsangaben sind nachgeprüft, und ihre Richtigkeit wird hiermit bestätigt.

Das Zuchtbuchamt des SV
I.A.:

SZ Band **90**   SZ Nr. **1772399**

Augsburg, den **16. JULI 1990**

Herausgegeben vom Verein für Deutsche Schäferhunde (SV) e.V. · gegründet 1899
Gründerverein der Rasse und für den Standard Deutscher Schäferhunde zuständig.
Anerkannt von

VDH
Verband für
das Deutsche Hundewesen e.V.

F.C.I.
Fédération Cynologique
Internationale

WUSV
Weltunion der Vereine
für Deutsche Schäferhunde

EDV FORM 90/1 01/89

positive HD-Befund mit dem Status „a zuerkannt", der eine gesunde Hüfte dokumentiert.

Kaum noch verbreitet sind die weißen Papiere, die eine eingeschränkte Zuchttauglichkeit der Elterntiere belegen, da hier keine Ankörung vorgenommen wurde (aus der „Leistungszucht" mit zwei Eltern sowie vier Großeltern mit Ausbildungskennzeichen).

Eine zweites untrügliches Identitätsmerkmal ist die Tätowiernummer eines jeden im Zuchtbuch des Vereins registrierten Deutschen Schäferhundes. Diese Tätowierung erfolgt wenige Wochen nach der Geburt beim Züchter in grüner Farbe ins rechte Ohr. Sie besteht aus einer Kombination zweier Buchstaben und einer drei- bzw. vierstelligen Zahl und bleibt bis ans Lebensende ein unverwechselbares Merkmal für den Hund. Übrigens erhalten Sie die Papiere Ihres Welpens mit der Tätowiernummer nicht direkt beim Kauf vom Züchter, sondern sie werden über die Vereinszentrale in Augsburg erst erstellt und einige Wochen später über den Züchter per Post an den neuen Besitzer zugestellt.

Denken Sie auch an einen ordnungsgemäßen Kaufvertrag, den Ihnen ein seriöser Züchter sicher von selbst vorlegt. Hier gibt es übrigens Vordrucke der Vereine, die rechtlich geprüft und bedenkenlos benutzt werden können.

Schäferhunde aus zweiter Hand

Es muß aber nicht immer der Weg zu einem Züchter sein, wenn man sich einen Hund anschaffen möchte. Leider kommt es immer noch viel zu oft vor, daß Menschen sich von ihrem besten Kameraden trennen müssen, welche Gründe dies auch immer rechtfertigen mögen.

Bevor Sie sich für einen Schäferhund aus zweiter Hand entscheiden, sollten Sie sich darüber im Klaren sein, welche Probleme die Umstellung auf ein neues Zuhause für den Hund bedeutet. Auch hier empfiehlt sich der Rat eines Fachmanns aus dem örtlichen Hundeverein und eventuell ein Besuch bei einem Tierarzt. Nur wenn Sie sicher sind, daß der Hund keine Verhaltensstörungen aufweist, einen ausgeglichenen Charakter besitzt und gesund ist, sollten Sie zugreifen.

Vierbeiner sind je nach Alter bei entsprechender Betreuung relativ schnell auf ein neues Zuhause umzugewöhnen. Etwas Geduld und viel Zeit zur ausgiebigen Beschäftigung gerade in der Eingewöhnungsphase lassen schnell neue Bindungen wachsen und alte vergessen.

Kaufvertrag

Herr/Frau

Name...Vorname...

Straße...Ort / PLZ..

verkauft an

Herrn/Frau

Name...Vorname...

Straße...Ort / PLZ..

den Hund (Name)..

Rasse...Tätowierungsnummer..

geworfen am...Geschlecht...

Eltern (Vater)..(Mutter)...

Die Ahnentafel wird übergeben – nachgeliefert.
Der Verkäufer erklärt, daß der Hund von einem Tierarzt untersucht und geimpft wurde und frei von sichtbaren Mängeln ist,
oder
Die Parteien sind sich darüber einig, daß der Hund folgende sichtbare Mängel hat (Aufführung der Mängel), und daß eine Haftung insoweit nicht übernommen wird. Für versteckte Mängel wird keine Haftung übernommen.
oder
Der Verkäufer haftet für folgende – auch versteckte – Mängel

innerhalb einer Frist von ....

Die Haftung bezieht sich auf Wandlung oder Minderung.
Der Käufer verpflichtet sich, den Hund gemäß Absprache zu halten.
Der Verkäufer ist bereit, den Käufer bei auftretenden Problemen mit dem Hund zu beraten.

Die Übergabe des Hundes erfolgt am..

Der Kaufpreis beträgt DM .... (in Worten)...DM

Der Kaufpreis wird bei Übergabe des Hundes fällig,

oder

Der Käufer leistet eine Anzahlung in Höhe von DM...
der Rest ist bei Übergabe des Hundes fällig. Wenn der Hund nicht zum vereinbarten Zeitpunkt abgenommen wird, verfällt die Anzahlung.

Bei einem eventuellen Weiterverkauf des Hundes steht dem Verkäufer ein Vorkaufsrecht zu, das er binnen einer Frist von .... Wochen ausüben kann.

Der Kaufpreis beträgt in diesem Fall DM ....

Datum:...

....
Der Käufer   Der Verkäufer
(Unterschrift)   (Unterschrift)

Hunde aus dem Tierheim

Nicht anders verhält es sich, wenn man sich entschließt, im Tierheim nach einem Deutschen Schäferhund Ausschau zu halten. Da diese Hunderasse mit Abstand die größte Verbreitung hat, ist sie leider recht häufig in den Quartieren der Tierheime anzutreffen.

Schlechte Erfahrungen des Hundes mit dem letzten Besitzer und die Anpassung an die Tierheimsituation machen es vielfach nicht leicht, die bemitleidenswerte Kreatur psychisch und physisch wieder aufzurichten. Oft behält der Hund einen Knacks für sein restliches Leben, aber Geduld und Mühe, gepaart mit dem notwendigen Sachverstand zahlen sich aus. Dem Vierbeiner kann aus seiner verzweifelten Situation herausgeholfen

und eine artgemäße Lebensperspektive geboten werden.

Überprüfen Sie auch im Tierheim die Tätowiernummer, falls Sie auf einen reinrassigen Schäferhund Wert legen. Sollte man Ihnen aus welchen Gründen auch immer die Ahnentafel nicht aushändigen, so können Sie über den SV eine Zweitschrift beantragen.

Die Kosten

Seit Jahren pendeln die Welpenpreise je nach Abstammung für Rüden zwischen 700 und 1 000 DM, während man für Hündinnen durchschnittlich 200 DM weniger aufwenden muß. Ein Preis übrigens, der im Vergleich zu anderen Rassehundwelpen im unteren Bereich angesiedelt ist, wenn man bedenkt, daß für exotische Hunderassen bis zu fünfstellige Summen gezahlt werden.

Im Preis inbegriffen sollten natürlich die Erstimpfungen durch den Tierarzt sein, die in einem Impfpaß, den Ihnen der Züchter mitgibt, dokumentiert sind.

Ein Hund macht nicht nur Freude, er verursacht auch einige Kosten, die bei seiner Anschaffung unbedingt zu berücksichtigen sind.

Die Hundesteuer in kleinen Gemeinden liegt zwischen 30 und 50 DM, während die meisten Großstädte in-

Kostenübersicht	
Welpenkauf	500 bis 1 000 DM einmalig
Junghund	1 000 bis 10 000 DM einmalig
Hundesteuer	30 bis 150 DM pro Jahr
Gesundheitsvorsorge	200 DM jährlich (Impfungen usw.)
Hundehaftpflicht	100 DM jährlich
Futterkosten	bis zu 1 500 DM jährlich
Zubehör (Leine, Halsband usw.)	100 DM jährlich
Vereinsbeitrag Hundeverein	100 DM jährlich
durchschnittliche Gesamtaufwendungen pro Jahr	etwa 2 000 DM (ohne Anschaffungskosten)

zwischen über 100 DM im Jahr verlangen. Die Besteuerung eines Zweithundes ist nochmals deutlich höher und beträgt beispielsweise in Hamburg derzeit 240 DM für jeden weiteren Hund, wobei künftig eher mit Erhöhungen zu rechnen ist.

Viele Kommunen bieten einen Steuerrabatt bis zu 50% auf einen ausgebildeten Vierbeiner mit jährlichem Prüfungsnachweis einer Schutzhundeprüfung, wie sie bei den Hundesportvereinen abgelegt werden können. Daß Tierarztkosten nur schwer abzuschätzen sind, versteht sich von selbst. Aber mit ca. 200 DM jährlich sollte man schon für die gängigen Vorsorgeuntersuchungen und Impfungen rechnen. Teurer wird es natürlich, wenn Ihr Hund an ernsthafteren Erkrankungen laboriert.

Um die Haftpflichtversicherung sollte sich kein verantwortungsbewußter Hundehalter drücken. Mit ungefähr 100 DM jährlich ist man dabei, wodurch man die Gewähr erhält, daß bei Schadensfällen, die durch Ihren Hund verursacht werden, keine finanziellen Katastrophen hereinbrechen. Glücklicherweise sind Schäferhunde relativ pflegeleicht, aufwendige Trimmkosten entfallen daher.

Worauf es ankommt

uswahlkriterien für einen Deutschen Schäferhund

Wenn Sie einen Welpen kaufen möchten, und dies wird wohl die Regel sein, haben Sie nach der Entscheidung des richtigen Züchters nun die zweite Qual der Wahl vor sich, die Ihnen letztlich auch niemand abnehmen kann: Welcher der freudigen, neugierigen und ach so liebenswerten Kleinen soll es denn nun sein?
Ein Entschluß, der von der Gefühlslage her oft sehr, sehr schwer ist und deshalb auch mit Sachverstand und Vernunft gefällt werden sollte. Dafür gibt es Kriterien, die sicherlich hilfreich sind.

Welpen: Phasen über Phasen

Die Entwicklung des Welpen nach der Geburt verläuft in bestimmten Phasen. Die erste und vegetative dauert 14 Tage. Die zweite, die Übergangsphase, tritt mit dem Erwachen des Gesichts- und des Hörsinns ein. Wenn die Welpen „das Nest" verlassen, beginnt die Prägungsphase, das ist in der vierten bis siebten Lebenswoche. Die vierte Phase, die Sozialisierungsphase, umfaßt die achte einschließlich die zwölfte Woche. Diese Zeit ist für den künftigen Besitzer besonders wichtig, weil der Züchter seine Welpen erst nach der achten Woche abgeben darf und somit der neue Halter entscheidenden Einfluß auf die Sozialisierung des Welpen hat.

Zu Besuch beim Züchter

Vereinbaren Sie zunächst bei Ihrem Züchter einen (weiteren) Besuchs-termin, wenn der Nachwuchs minde-stens sechs Wochen alt ist. Beobach-ten Sie neben den Bedingungen, un-ter denen die Tiere leben, das züch-terische Umfeld sowie das Verhältnis des Züchters zu seinen Hunden. Züchterisches Umfeld bedeutet je-doch nicht, daß Sie Ehrenpreise und Urkunden begutachten müssen, son-dern die Hunde und deren Lebens-raum beobachten sollten:

◆ Wer beschäftigt sich mit den Tieren?
◆ Haben die Tiere Kontakt zur Außenwelt?
◆ Steht die Familie des Züchters voll dahinter?
◆ Wieviele Tiere haben wieviel Platz?
◆ Wieviele alte Hunde gibt es?

Hunde werden nun einmal auch alt, und es zeichnet eigentlich einen Züchter aus, wenn er den alten Hun-den einen entsprechenden Lebens-abend einräumt.

Achten Sie auf übertriebene Reinlich-keit ebenso, wie auf Unsauberkeit! Junge Hunde spielen zwar gerne im Dreck, aber ihre Unterkunft sollte sauber und gepflegt sein.

Die Welpenauswahl

Aufgeweckte Hundebabies werden bellend und neugierig auf die Besu-cher losstürzen und sich nicht scheu in einer Ecke verdrücken. Nehmen Sie sich Zeit zum Beobachten der Welpen, und vermeiden Sie selbst alles, was die Kleinen unnötig verun-sichert. Aber testen Sie ruhig die Unbefangenheit der Welpen, indem Sie kurz in die Hände klatschen oder sie zu einem kleinen Spiel provozie-ren. Es ist immer interessant, wie Welpen auf neue Dinge reagieren, und das Spiel gibt Ihnen wertvolle Fingerzeige.

Während des Fressens und Spielens können Sie bestimmte Veranlagungen beim Welpen beobachten:

◆ Der überlegene, souveräne Welpe wird ohne viel Aufhebens sein Spielzeug oder seinen Futternapf durch Knurren oder Blickkontakt verteidigen und so seine Wesens-festigkeit unter Beweis stellen.

Nicht ein ängstlicher, sondern ein unbefangener und lebendiger Welpe ist für Sie die beste Wahl

- Welpen, die bei diesen behutsamen Tests verschreckt wirken und nicht unbefangen reagieren, sollten für Sie nicht in Frage kommen.
- Lassen Sie sich nicht vom Mitleid verführen, einen verängstigten, von seinen Geschwistern unterdrückten Welpen mit nach Hause zu nehmen.

Familien mit Kindern sollten bei der Auswahl einen lebendigen, kontakt-freudigen Welpen vorziehen, während für ältere Menschen eventuell der ruhigere und zurückhaltendere Vertreter besser geeignet ist.

Wer sich sportlich mit seinem Schäferhund betätigen möchte, achte auf die nötige Robustheit, ja Überlegenheit innerhalb des Rudels. Rowdies, die frech und scheinbar unbeeindruckt miteinander umgehen, überdies spielfreudig und neugierig sind, können die richtige Wahl für einen späteren Sporthund sein.

Gesundheit hat Priorität

Selbstverständlich sollten Sie darauf achten, daß Ihr künftiger Schützling gesund ist. Die Erstimpfungen wurden bereits zwischen der sechsten und achten Woche beim Züchter durchgeführt und im Impfpaß bescheinigt. Hunde sind vom Welpenalter an durch verschiedene Infektionskrankheiten gefährdet, gegen die nur regelmäßige Impfung Schutz gewährt. Man spricht auch von den bösen Fünf:
- Staupe
- Hepatitis (ansteckende Leberentzündung)
- Leptospirose (Stuttgarter Hundeseuche)
- Parvovirose
- Tollwut

Kriterien zur Welpenauswahl

◆ Das züchterische Umfeld

◆ Die Gesundheit und die äußere Erscheinung der Mutterhündin

◆ Die Gesundheit und die Lebendigkeit der Welpen

◆ Die Körperhaltung der Hunde

◆ Die Ahnentafeln möglichst beider Elternteile

Der komplette Impfschutz sieht so aus: Von der geimpften Mutter bekommen die Welpen mit der Muttermilch Schutzstoffe, die sie einschließlich der siebenten Woche immunisieren. Nach der ersten Grundimpfung zwischen der sechsten und achten Woche erfolgt in der zwölften bis vierzehnten Woche die zweite, ebenfalls kombinierte Impfung. Sie wird mit dem Impfstoff gegen die Tollwut ergänzt.

Ein Hinweis im Impfpaß, den der Tierarzt ausstellt, erinnert Sie daran, wann die Folgeimpfung fällig wird. Für die Gesundheit ebenso wichtig ist die frühzeitige Entwurmung der Welpen, die bereits beim Züchter begonnen und in regelmäßigen Abständen wiederholt wird.

Hund mit Vergangenheit

Hunde, die man aus zweiter Hand kauft, gehören unbedingt gleich zum Tierarzt. Dies gilt auch für Tiere aus dem Tierheim, obwohl diese in der Regel veterinärmedizinisch betreut und nur körperlich und psychisch gesunde Tiere abgegeben werden. Ein Tierarzt kann anhand der Abnutzung der Zähne das Alter bis zum sechsten Lebensjahr meist recht genau bestimmen. Ein weiteres Indiz sind die ergrauten Haare, die ab dem sechsten Lebensjahr auftreten.

Haben Sie die Absicht, einen erwachsenen Schäferhund zu sich zu nehmen, sollten Sie dies nur tun, wenn Sie bereits Erfahrung mit Hunden haben und das Tier keine Verhaltens-

probleme mitbringt. Als Einstieg für Neulinge ist der Welpe dem erwachsenen Schäferhund vorzuziehen. Lassen Sie sich auch nicht mit dem Argument ködern, daß Sie einen gut erzogenen Hund übernehmen und Aufzucht und Erziehung kein Thema mehr wären. Die körperliche und seelische Entwicklung einschließlich der Prägung sind bei einem erwachsenen Hund bereits abgeschlossen, und die Umstellung auf ein neues Zuhause und ein fremdes „Ersatzrudel" können dem Laien schon arge Probleme bereiten.

Nehmen Sie nur dann einen erwachsenen Hund auf, wenn Sie bereits Erfahrungen mit eigenen Hunden haben

Der Erwerb eines Hundes ist ein Rechtsgeschäft (Hunde sind nach dem Gesetz noch immer Gegenständen gleichgestellt), und es gelten die Paragraphen für Kauf und Verkauf. Man hat somit das Recht die „Ware" zu beanstanden, sie umzutauschen oder zurückzugeben. Daher ist der Abschluß eines korrekten Kaufvertrages unbedingt zu empfehlen.

❧ Entscheidende Phasen ❧

ein Hund, das unbekannte Wesen

Der Deutsche Schäferhund soll umgänglich, unbefangen, selbstsicher und gutartig sein und trotzdem Härte, Mut und Kampftrieb besitzen, so lautet der offizielle Rassestandard des Vereins. Für diese Vorgaben sind gute Nervenverfassung, Selbstsicherheit, Unbefangenheit und ein ausgewogenes Triebpotential unerläßliche Voraussetzungen. Negative Merkmale sind hingegen Angst, Scheusein, Teilnahmslosigkeit oder auch erhöhte Reizbarkeit.

Natürlich sind nicht alle Hunde in ihrem Wesen oder ihrem Charakter gleich. Ja, man muß sogar sagen, daß kein Hund dem anderen gleicht! Entsprechend der Wesensveranlagung muß die Erziehung und Ausbildung bei jedem Hund individuell angepaßt werden und dies gerade in den ersten Wochen. Patentrezepte gibt es nicht, auch wenn man derartiges immer wieder in den Geschäftsanzeigen zweifelhafter Hundeschulen liest.

Das Wesen bekommt der Hund von seinen Eltern und Großeltern vererbt. Ein Hund mit schlechten Veranlagungen, der zudem noch eine falsche Aufzucht erhält, wird später auch von einem erfahrenen Hundebesitzer nur schwer auszubilden sein. Ein Hund mit guter Wesensvererbung dagegen erzielt sogar nach längerer schlechter Haltung bei einem geschulten Hundehalter noch relativ gute Ausbildungsergebnisse.

Einflüsse auf den Charakter

Das Wesen eines Hundes kann natürlich durch Umwelteinflüsse maßgeblich geprägt werden, wobei hierunter ebenfalls Bedingungen der Haltung und die Erziehung zählen. Es ist deshalb notwendig, sich viel mit dem Welpen zu beschäftigen, ihn mit seiner engeren und weiteren Umgebung Schritt für Schritt vertraut zu machen und ihn vor allem an alltägliche Situationen zu gewöhnen. Das hießt, eines nach dem anderen und den Hund nicht etwa unvermittelt mit Neuem konfrontieren, nicht alles von ihm zu verlangen, sondern ihn langsam vorbereiten.

Sobald man merkt, daß der Welpe sich für etwas interessiert, was man ihm lehren will, muß er gelobt und ab und an mit einem Leckerbissen belohnt werden. Daß dies alles mit Augenmaß zu geschehen hat, versteht sich von selbst.

Die Konfrontation mit neuen Eindrücken muß der seelischen Belastbarkeit entsprechend und quasi portionsweise erfolgen, damit der Welpe es auch verarbeiten kann. Es liegt ganz entscheidend in der Hand des neuen Besitzers, wie die positiven Anlagen beeinflußt werden.

Scheiden tut weh

Die beste Zeit den Welpen von Mutter und Geschwistern zu trennen, ist während der Sozialisierungsphase, also zwischen der achten und zehnten Woche. Der Welpe stabilisiert in dieser Zeit sein Verhalten und entwickelt Gewohnheitsreaktionen sowie sein Anpassungsverhalten.

Die kleinen Hunde werden für immer längere Zeit von der Mutter allein gelassen und beginnen mit der Erkundung der Umgebung. Dies ist eine Phase, in der ihre Neugierde spürbar wächst und auch die Bereitschaft zu sozialen Kontakten im Rudel intensiviert wird. Das Balgen mit den Geschwistern und das Spielen und das Kämpfen um die Beute sind erste Anzeichen für die Ausbildung und der Festlegung von persönlichen Rangordnungspositionen, die ebenso im „Ersatzrudel" Familie von großer Wichtigkeit sind.

Auch bei der Hundemutter hat sich in der siebten bis achten Welpenwoche einiges verändert. So ist nicht nur ihr Milchvorrat, sondern ebenfalls ihre Geduld im Umgang mit den kleinen Quälgeistern erschöpft. Annäherungsversuche wehrt sie deutlich ab, und mit Knurren und Zähnefletschen behauptet sie jetzt ihr Recht auf Ruhepausen. Die Entwöhnung ist beendet, die Trennungsphase eingeleitet.

Erste Lernphase im neuen Rudel

Für den Welpen ist ein enger Kontakt zur Familie als seine neue Bezugsgruppe (Rudel) in den ersten Wochen im neuen Zuhause von besonderer Bedeutung. Intensives Spielen fördert das artgemäße Sozialverhalten und zeigt dem Welpen seine Grenzen auf. Von Anbeginn gilt der Grundsatz, daß Hunde autoritär zu erziehen sind, was keinesfalls heißt, daß sie geschlagen, getreten oder sonstwie mißhandelt werden dürfen. Der Welpe muß von Anfang an lernen, sich unterzuordnen. Er wird, wenn man so will, in die menschliche Gemeinschaft „eingebaut".

Wie der Vaterrüde dem Welpen durch einen kräftigen Biß ins Nackenfell zeigt, was er tun darf und was nicht, so wird sich auch der Mensch durch kurzes Schütteln am Nackenfell und dem Laut „Pfui" Respekt verschaffen. So lernt der Welpe schnell die Bedeutung der Anordnung. Reicht dies nicht, so kann durch Hochheben und gleichzeitiges Schütteln am Nackenfell die Wirkung noch deutlich erhöht werden und dem Welpen die Überlegenheit des Rudelführers Mensch klar gemacht werden.

Die Familie ist das Rudel des Hundes

Niemals bestraft man jedoch einen Hund, wenn ihm sein Fehlverhalten nicht klarzumachen ist. Die wirkungsvollste Form der Bestrafung erfolgt möglichst im Moment des Fehlverhaltens, sozusagen auf frischer Tat. Näheres hierzu wird im Kapitel über Erziehungsgrundsätze (Seite 47–61) noch zu sagen sein.

Der Welpe braucht Zeit, seine neue Umgebung zu erkunden. Viel Hektik und Aufregung irritieren und verunsichern unseren neuen Hausgenossen. Deshalb sollten sich Verwandte, Freunde und Nachbarn mit dem Besuch noch etwas gedulden.

Für den Welpen wird dieser erste Tag in einer noch unbekannten Umgebung mit fremden Menschen sein bislang schwerster. Es gilt, ihm die Geborgenheit seiner Hundefamilie so gut es geht zu ersetzen. Wenn noch andere Hunde im Haus gehalten werden und diese den Kleinen akzeptieren, ist die Eingewöhnung meistens problemloser als beim Einzeltier. Zeigen Sie ihm seinen Schlafplatz, der in einer ruhigeren Ecke des Hauses, etwa in der Diele, vorbereitet sein sollte. Eine alte Decke als Unterlage reicht für das Hundelager voll und ganz aus. Lassen Sie sich von fragwürdigen, weil kaum artgerechten Angeboten wie Hundekorb, Wärmedecken usw. nicht verführen – sie absolut überflüssig!

Die ersten Spaziergänge werden sicherlich nicht durch belebte und geräuschintensive Straßen führen, sondern erst einmal durch ruhige Seitenstraßen, wo ab und an Fußgänger entgegenkommen und auch mal ein Fahrradfahrer und ein Auto den Weg kreuzen. Der normal veranlagte Welpe wird diese Neuigkeiten mit Aufmerksamkeit und vielleicht auch mit Aufgeregtheit registrieren, aber sicher nicht panisch reagieren. Täglich werden diese Erfahrungen wiederholt und schrittweise intensiviert,

Ein Hund ist kein Spielzeug!

wobei individuell Rücksicht zu nehmen ist. Mit zunehmender Belastbarkeit wird der Welpe auch mit verkehrsreicheren Strecken vertraut gemacht. Lassen Sie Ihrem Hund Zeit, seine Eindrücke in Ruhe zu verarbeiten, bevor Sie die nächste Lektion in Angriff nehmen. Schäferhunde sind auch nervlich robuste Kreaturen denen man Streßsituationen beispielsweise auf Bahnhöfen, in Gaststätten sowie die Fahrt im Auto zumuten kann. Übrigens, auch Hunde lernen am besten beim Spielen. Binden Sie also Lernerfahrungen in Spielhandlungen ein, so werden Streßsituationen für Ihren vierbeini-

gen Schützling weniger belastend und die Freude und Erwartungshaltung auf den nächsten Spaziergang und das nächste Abenteuer um so größer!

Wohnung oder Zwinger?

Dieser Streit ist so alt, wie die Hundehaltung selbst. Wer über ein Haus mit angrenzendem Gartengrundstück verfügt, sollte sich überlegen, ob er nicht das Halten des Hundes im Zwinger dem in der Wohnung vorzieht. Schäferhunde sind, wie bereits mehrfach erwähnt, robuste Naturen, die in unseren Breiten problemlos im Freien gehalten werden können, immer vorausgesetzt, daß keine gesundheitlichen Belastungen einschränken. Um nicht falschverstanden zu werden, Zwingerhaltung bedeutet für den verantwortungsbewußten Halter auf keinen Fall das ausschließliche Einsperren des Hundes mit nur kleinen Unterbrechungen zum Füttern und Laufen!
Zwingerhaltung beschränkt sich immer auf einige Stunden am Tag und auf die Unterbringung beispielsweise in der Nacht. Jeder Schäferhund braucht den intensiven Kontakt zu seiner Familie, den kein noch so großer Zwinger oder Auslauf im Garten ersetzen kann!

Wenn Sie sich für die Hundehaltung im Zwinger entschieden haben, so machen Sie Ihren Hund auch mit dieser, ihm ungewohnten Umgebung gleich vertraut.

Es ist entgegen mancher übersensiblen Anschauung keineswegs Tierquälerei, sondern durchaus artgerecht, wenn sich Ruhe- und Schlafplatz im Zwinger befinden.

Lassen Sie Ihren Welpen möglichst kurzzeitig im Zwinger allein, damit er sich von Anfang an daran gewöhnt.

Wer keinen permanent lärmenden Hund haben möchte, beginnt mit dieser Eingewöhnung, die Geduld aber auch Konsequenz erfordert, spätestens nach ein bis zwei Tagen.

Eine gut isolierte und gegen Zugluft geschützte Hütte ermöglicht die Unterbringung im Freien, von extremen Witterungsverhältnissen wie Frost oder übermäßiger Hitze einmal abgesehen.

Die erste Nacht wird viel Geduld erfordern, aber ich betone dies nochmals, auch Konsequenz! Reagieren Sie nicht auf das Gewinsel, wenn ihm das Alleinsein nicht paßt. Einmal nur nachgegeben, wird der nächste Versuch doppelt schwierig.

Deshalb, schaffen Sie klare Verhältnisse, und nehmen Sie den Hund vor allem nicht dann aus dem Zwinger, wenn er am lautesten bellt. Für Ihren schlauen Vierbeiner bedeutet dies nach seinem tierischen Verständnis, daß Bellen in die Freiheit führt. Sie können sich bestimmt vorstellen, welche Torturen dann auf Sie zukommen, wenn er einmal seinen Kopf durchgesetzt hat!

Spätestens nach der zweiten, bei hartnäckigen Burschen dritten oder vierten Nacht, haben Sie es geschafft, und Ihr Hund wird sein neues Nachtlager im Zwinger akzeptieren.

Bewegung tut not

Alle Hunde sind von Natur aus Lauftiere, und man kann ihnen keinen größeren Gefallen tun, als mit ihnen in der freien Natur möglichst noch mit Artgenossen herumzutoben. Nicht anders beim Deutschen Schäferhund, der zudem das Prädikat mitbringt, ein ausgesprochener Dauerläufer zu sein.

Die Züchter haben diese wertvolle Veranlagung systematisch gefördert und die anatomischen Voraussetzungen hierfür optimal weiterentwickelt. So muß jeder für die Zucht zugelassene Schäferhund unter anderem eine Ausdauerprüfung am Fahrrad über eine Distanz von 20 km nachweisen, ein Konditionstest, den ein gut trainierter Gebrauchshund problemlos meistert. Schäferhunde können, so hat man bei ihnen im Hütedienst der Schafherden herausgefunden, täglich bis zu 60 km (!) im Trab zurücklegen, ohne gesundheitliche Schäden davonzutragen.

Bleiben wir aber zunächst noch beim Welpen. Bis zum vierten oder fünften Monat sollten die Bewegungsspiele und -belastungen im Verhältnis zur Entwicklung stehen, das heißt, wohl dosiert und ohne zu starke körperliche Belastung, also keine stundenlangen Wanderungen. Ihr Hund wird

Ihnen sein Ruhebedürfnis recht schnell signalisieren, und Sie sollten keinen falschen Ehrgeiz an den Tag legen. Natürlich darf der Welpe vor dem Spaziergang nicht träge und überfüttert sein!

Mit zunehmendem Alter werden die körperlichen Anforderungen schrittweise erhöht, wobei die volle Belastbarkeit frühestens mit einem Jahr gegeben ist.

Der Herr im Haus

Zwischen dem siebten und zwölften Lebensmonat macht der Hund die Rudelordnungsphase durch, in der endgültig geklärt wird, wer im Rudel, das heißt in der Familie, die Ober-

hand hat. In dieser Zeit ist es absolut wichtig, klare Rangordnungsstrukturen aufzubauen und dem heranwachsenden Junghund seine Ein- bzw. Unterordnung klarzumachen.

Aber ähnlich wie in der menschlichen Pubertät treten nun plötzlich Verhaltensweisen auf, in der längst gefestigte Erziehungserfolge in Frage gestellt werden und vieles vergessen scheint, was man seinem Vierbeiner mit sehr viel Mühe und Geduld beigebracht hat. Es ergeben sich Situationen, in denen die Selbstdisziplin des Halters auf eine harte Probe gestellt wird. Dann darf man sich nicht zu Unbeherrschtheiten hinreißen lassen. Mit der Geschlechtsreife, etwa mit einem Jahr legt sich diese Problemphase, die wir bei Kindern als Rüpelalter kennen, meist von selbst.

In dieser Zeit, zwischen dem 6. und 12. Monat, werden Schäferhündinnen das erste Mal läufig, und die Rüden versuchen beim Urinieren das Bein zu heben, um ihr Territorium zu markieren.

Schäferhündinnen werden durchschnittlich alle sechs bis acht Monate läufig, wobei die problematische Zeit, in der jeglicher unbeaufsichtigter Kontakt mit Rüden zu unterbinden ist, zwischen dem 9. und 15. Tag nach Auftreten der ersten Blutung liegt.

Kontakte

Nichts wird Ihrem Welpen die Einge-
wöhnungszeit mehr erleichtern, als
der Kontakt mit seinen Artgenossen.
Kaum etwas ist wichtiger für das spä-
tere Verhältnis der Hunde untereinander als das frühe und regelmäßige
Zusammensein mit anderen Hunden,
zumal wenn sie etwa gleichaltrig
sind.

Keine Angst vor Raufereien mit „beiß-
wütigen Bestien", denn von wenigen
Neurotikern abgesehen verhalten
sich die meisten Hunde absolut normal, das heißt, sie kennen und beherzigen die Spielregeln, vor allem den
Welpen gegenüber. Mit der angebore-
nen Demutsgeste (der Hund legt sich
auf den Rücken) gibt der Jüngling
recht schnell zu erkennen, daß er den
„Kampf" aufgeben möchte, was von
den Artgenossen absolut respektiert
wird.

Wo immer möglich, gönnen Sie Ihrem
Hund das Spiel mit Seinesgleichen
ohne Leine! Angeleinte Hunde wirken wesentlich aggressiver und sind
dies in der Regel auch. Zudem behin-
dert die Leine den ungezwungenen
Kontakt der Hunde untereinander.
Lassen Sie Ihren Hund also möglichst
oft herumtoben, es dient seiner körperlichen Verfassung und ist Balsam
für seine Seele.

Wenn Sie unsicher sind, ob Sie Ihren
Hund mit anderen frei laufen lassen
können, so holen Sie sich Rat beim
örtlichen Schäferhundeverein, wo
man Ihrem Vierbeiner sicher gerne
einen ersten Spieltest ermöglicht.

Beschäftigung ist gefragt

Warum Erziehung so wichtig ist

Beschäftigung ist für jeden Hund – insbesondere wenn er Voraussetzungen wie der Deutsche Schäferhund mitbringt – unverzichtbar für die artgerechte Haltung. Kontaktfreudig ist nur der Hund, der den Menschen mag und ihn nicht scheut. Wenn Sie ein echter Freund Ihres Hundes werden wollen, so erfordert dies neben dem Aufbau eines stabilen Vertrauensverhältnisses ebenfalls die feste Einbeziehung des Hundes in die häusliche Gemeinschaft.

Im folgenden geht es darum, Erziehungsgrundsätze verständlich zu machen, die sich auf mehr oder weniger alle Ausbildungsbereiche anwenden lassen. Sie sollen ein Basiswissen vermitteln, auf das aufbauend eine gezielte Ausbildung in Angriff genommen werden kann.

Die wichtigsten Grundübungen für die Erziehung des Schäferhundes lassen sich als Minimalprogramm wie folgt darstellen:

◆ Die Leinenführigkeit
◆ Die Sitzübung
◆ Setzen aus der Bewegung heraus
◆ Die Platzübung unter Ablenkung
◆ Platz aus der Bewegung mit Abrufen

Erziehungsprinzipien

Bei den Wölfen, den Vorfahren des Hundes, erzieht der Rüde die Welpen. Beim Haushund jedoch muß diese Rolle der Züchter und später der Besitzer übernehmen.

Wenn die Hündin die Welpen wegen der spitzen Zähne nicht mehr säugen läßt, beginnt für den Nachwuchs die wichtige Prägephase (siehe Seite 32). Für den Welpen heißt dies, alle Vorgänge werden jetzt mit erhöhter Aufmerksamkeit verfolgt. Er merkt sich viele Eindrücke und Erfahrungen und wird umgekehrt von den Eindrücken seiner Umwelt geprägt. Alles wird nun beschnuppert und untersucht, Neugierde und Lernbereitschaft sind besonders intensiv.

Die Erziehung muß mit Geduld, Verständnis und Konsequenz angepackt

werden und kann gar nicht früh genug beginnen. Da sich Ihr neuer Hausgenosse als typisches Rudeltier nur in der Gemeinschaft so recht wohl fühlt, braucht er die tägliche Beschäftigung, die zu diesem Zeitpunkt natürlich auf das Spielen und Raufen ausgerichtet ist und ganz nebenbei dem jungen Hund auch erste Grenzen setzt.

Lernen wird so mit Freude verbunden und muß mit viel Liebe und überschwenglichem Lob verbunden sein. Zwang steht zunächst absolut im Hintergrund und sollte (wenn überhaupt) wohl dosiert und überlegt eingesetzt werden.

Hierbei ist zu berücksichtigen, daß kein Hund dem anderen charakterlich völlig gleicht und daß sich daher die Reife und das Lernvermögen von Hund zu Hund durchaus unterschiedlich entwickeln.

Schäferhunde sind an sich ausgesprochen lernbegierig und ideale Schüler, wenn man es versteht, sich ihnen verständlich zu machen.

Gerade für den Deutschen Schäferhund ist es fatal, wenn er links liegen gelassen, nicht gefordert und beschäftigt wird. Unberechenbare und aggressive Hunde sind nicht Ergebnisse falscher Zucht, sondern gravierender Fehler bei der Erziehung und Hal-

Lernen sollte mit Freude verbunden sein. Dies gelingt auch beim Hund am besten durch spielerische Übungen und viel Lob

tung! Je mehr man sich mit dem jungen Hund befaßt, also mit ihm redet, spielt und etwas unternimmt, um so aufgeschlossener und lernbereiter ist er. Nur geben Sie sich nicht der Illusion hin, daß Sie in vier Wochen einen erzogenen Vierbeiner haben. Das Gelernte muß ständig geübt und angewandt werden. Durch mehrfache Wiederholungen prägt sich dann das gewünschte Verhalten zunehmend ein, zumal wenn es mit Lob und einer Belohnung verbunden ist. In dieser Hinsicht sind sich Hund und Mensch sehr ähnlich: Das Erfolgserlebnis ist für beide enorm wichtig.

Lob und Tadel

Das richtige Loben

Durch die Aussprache und durch den Körperkontakt (Streicheln und anerkennendes Klopfen) beim Loben erhält der Welpe eine positive emotionale Erfahrung, die ihn in seinem Tun bestärkt. Wenn Sie ihn rufen und er für sein schnelles Kommen mit herzlichem Lob belohnt wird, kann dies durch wiederholtes Üben zum gewünschten Erziehungsziel, nämlich auf Ruf zu kommen, führen.
Wichtig ist, daß das Loben immer zielgerichtet erfolgt, das heißt, der Hund es mit seinem Tun verbindet.

Welche Art des Lobens Ihren Hund anspricht, müssen Sie ausprobieren, entscheidend ist nur, daß es für Ihren Schüler auf Dauer nicht monoton, also uninteressant wird und damit seine positive Einwirkung verliert. Alles, was Ihr Hund gerne tut, können Sie, neben lobenden Worten und Streicheleinheiten, als Belohnung verwenden: spielen, raufen, fressen, laufen etc.
Eines allerdings sollten Sie stets in diesem Zusammenhang bedenken: Schäferhunde sind trotz ihrer Robustheit auch sehr empfindsam, ja feinfühlig, sie spüren, ob ein Lob aus dem Herzen mit Überzeugung und Engagement ausgedrückt oder nur so daher gesprochen wird. Schauspieler werden vom Hund schnell enttarnt.

Die Bestrafung

In der Spannung von Lob und Strafe steckt das Geheimnis jeder erfolgreichen Hundeausbildung. Ihr Hund lernt über die Erfahrung, für richtiges Tun unmittelbar belohnt und für falsches Tun bestraft zu werden.
Damit sind wir an einem zentralen Punkt der Hundeausbildung angelangt: Ohne eine negative Einwirkung, ob man sie jetzt Strafe, Zwang oder Züchtigung nennt, lernt Ihr Hund nicht, Gewolltes von Unge-

wolltem zu unterscheiden. Wobei die Bestrafung viele Gesichter haben kann: Vom strengen Tonfall angefangen über das schon erwähnte Nackenschütteln beim Welpen bis hin zum energischen Leinenruck beim erwachsenen Tier, die Palette der Strafintensität kann und muß je nach der Belastbarkeit des Hundes variiert werden.

Ziel der Strafe ist die Korrektur des unerwünschten Verhaltens, wobei mit Souveränität und Vernunft, ohne innere Erregtheit oder gar Gereiztheit vorgegangen werden muß.

Menschliche Gefühlsausbrüche und Unbeherrschtheit machen mehr kaputt und verstärken das unerwünschte Verhalten des Tieres.

Wo immer Sie das Gefühl haben, daß sich Ihr Hund auflehnt und widersetzt, ist es ein Gebot der Autorität, sich durchzusetzen und das mit einem Höchstmaß an Konsequenz. Dies erfordert keine Gewalt, schon gar nicht gegenüber dem Welpen, sondern ein souveränes Durchsetzungsvermögen. Wenn ein energisches „Pfui" nicht hilft, drücken Sie den Hund mit einem festen Griff ins Nackenfell auf den Boden, bis er sich entspannt und ergibt. Angst darf es für den Halter nicht geben. Wer Angst zeigt – und sei es noch so gering –

signalisiert dem Hund Schwäche und die Bereitschaft, die Rangüberlegenheit in Frage zu stellen.

Halsband und Leine

Unverzichtbar ist dieses Zubehör für Erziehung und Ausbildung, aber auch für den täglichen Spaziergang und für die Sicherheit Ihres Hundes – von rechtlichen Aspekten dabei einmal ganz abgesehen.

Leine und Halsband sind notwendig und sollten als ein sichtbares Bindeglied zwischen Zwei- und Vierbeiner verstanden werden. Die Leine ist kein Zwangsmittel zur Unterwerfung oder gar zur Züchtigung, wie sie leider noch immer angesehen wird.

Halsband und Leine müssen schon für den Welpen mit etwas angenehmen verbunden werden. Sobald der Kleine sich sträubt, lenken Sie seine Aufmerksamkeit auf ein Spiel oder eine Belohnung und streifen ihm möglichst unauffällig das Halsband über. Spielerisch wird auch die etwa ein Meter lange Leine angebracht. Mit leichtem und aufmunterndem Ruck und dem Ruf „Fuß" beginnt man mit dem grundlegendsten Erziehungsziel, das da heißt Leinenführigkeit. Der Kunstgriff bei der Gewöhnung besteht im wesentlichen darin, den Welpen zu überzeugen, daß nicht Leine und Halsband Zug auf ihn ausüben, sondern daß er es selbst tut, indem er sich dagegen sträubt.

Im Welpenalter ist ein einfaches aber kräftiges Lederhalsband, das locker um den Hals liegt, am besten geeignet. Kettenhalsbänder oder gar Würgehalsbänder sind in diesem Stadium absolut fehl am Platz. Auch die Führleine sollte aus schmiegsamem Leder und bis etwa 1,50 lang sein. Gewöhnen Sie Ihren Hund, egal in welchem Alter, von Anbeginn daran, links zu laufen, während die Leine in der rechten (!) Hand gehalten wird. Erst im fortgeschrittenen Stadium wird auf links, wie es auch die Prüfungsordnung vorschreibt, umgestellt.

Die linke Hand ist frei und hält den Kontakt zum Hund. Sie unterstützt beim Aufmuntern ebenso wie beim Heranziehen ans linke Bein.

Der Leinenruck, bei kräftigen Hunden wird er mit beiden Händen umgesetzt, ersetzt die Strafhandlung, die im Hunderudel über das Schütteln am Nackenfell erfolgt. Nie darf die Leine ständig im Zug gehalten werden! Sofort nach dem kurzen Leinenruck, der immer mit einem klaren Kommando „Fuß" verbunden sein sollte, wird die Leine wieder gelockert, damit im nächsten Moment erneut mit einem kurzen Zug korrigiert werden kann. So lernt der Hund, auch an der lockeren, zugfreien Leine zu gehen. Denn Leinenführigkeit bedeutet gerade nicht das gegenseitige Zerren an diesem Verbindungsstück zwischen Mensch und Hund. Die

Leine ist, wie schon erwähnt, das positive Bindeglied der Beziehung. Jedes gewünschte Verhalten muß unmittelbar mit Lob bedacht werden, um die positive Erfahrung zu verstärken!

Unser überschwengliches Lob verführt aber auch so manchen Hund, die Leine als reinen Spielgegenstand zu betrachten, an dem man sich nach Herzenslust festbeißen und daran herumziehen kann. Stellen Sie dies sofort ab, wenn Ihr Freund diese Anstalten macht, sonst erleben Sie eine nervige Tortur um die Leine. Dies könnte der Anfang einer lästigen Angewohnheit sein, die er sich bis ins Alter nicht mehr abgewöhnen läßt. Vom Einsatz sogenannter Erziehungshalsbänder, landläufig als „Stachelhalsband" bekannt, ist in dieser Lernphase grundsätzlich abzuraten und nur in Ausnahmen unter fachlicher Anleitung empfehlenswert.

Sogenannte Freilaufleinen mit Aufrollvorrichtung, die dem Hund einen Freilauf im Radius bis zu 10 Metern ermöglichen, sind für große Hunde und zumal für Erziehungszwecke absolut ungeeignet! Die Gewöhnung an Halsband und Leine kann schon beim Züchter erfolgen, der seine Welpen frühzeitig mit diesem unabdingbaren Zubehör vertraut machen sollte.

Gehorsamsübungen

So wie wir unsere Kinder ab dem sechsten Lebensjahr in die Grundschule schicken, um sie unter Anleitung ausgebildeter Pädagogen an die Ansprüche des Alltags heranzuführen, sollte auch der junge Schäferhund frühestens mit sechs Monaten in einem Erziehungskurs des SV seine wichtigsten Lektionen lernen und festigen. Hier stehen Ihnen erfahrene Trainer zur Verfügung, die Ihnen individuell zur Hand gehen.

Außerdem bekommt Ihr Hund Kontakt zu gleichaltrigen Tieren, und sie können durch gemeinsames Lernen voneinander profitieren.

Viele der über 2000 Ortsgruppen des Vereins für Deutsche Schäferhunde bieten regelmäßige Erziehungskurse (nach dem „Augsburger Modell") für Anfänger an, in denen man, ohne Mitglied werden zu müssen, mit den wesentlichen Übungen vertraut gemacht wird. Ein Mindestalter von sechs Monaten muß erreicht sein und die nötige eigene Fitneß, die man bei einem Schäferhundhalter eigentlich voraussetzen kann.

Sie werden sich bestimmt wundern, wie schnell Ihr Hund Anspannung und eventuelle Aggressivität gegenüber seinen Mitschülern abbaut, wenn in der Gruppe das Training be-

Leine und Halsband sind wichtige Bindeglieder zwischen Mensch und Hund

ginnt und jeder lernt, sich auf sich selbst zu konzentrieren. Für die Besitzer bringt es darüber hinaus eine Menge Spaß, gemeinsam mit Gleichgesinnten zu üben. Übrigens werden diese Erziehungskurse des SV nicht nur für Schäferhunde angeboten, vielmehr können sich alle Hunderassen daran beteiligen.

Warnen möchte ich in diesem Zusammenhang vor manchen kommerziellen Hundeschulen, die oft per Inserat (für viel Geld) das Blaue vom Himmel versprechen, aber bereits eine Grundvoraussetzung jeder sinnvollen Hundeerziehung außer acht lassen: Ihr Hund lernt zwar, bestimmte Übungen auf spezielle Kommandos hin auszuführen, aber Sie lernen nicht, wie Sie sich ihm verständlich zu machen haben, wenn Sie wieder auf sich allein gestellt sind! Denn Sie werden bei diesen Schulungen außen vor gelassen. Sie geben Ihren Hund für einige Wochen in fremde Hände, in der Hoffnung, einen wohlerzogenen Hausgenossen zurückzubekommen. Aber worauf es entscheidend ankommt, können Hundeinternate, die ohne die aktive Mitarbeit des Halters arbeiten, nicht leisten, nämlich Sie auf Ihren Hund einzustellen und Ihnen beizubringen, wie Ihr Hund das Gelernte anzuwenden hat.

Die Hundesprache

Wenn sich der Hund eingewöhnt hat, beginnt, wie schon beschrieben, spielerisch und nebenbei die Erziehung. Es geht nun darum, dem Vierbeiner eine auf die Notwendigkeiten des Alltags zugeschnittene Grundausbildung angedeihen zu lassen. Daher gehört zu jedem Training als Einstieg eine kurze Wiederholung der gelernten Grundlektion „Leinenführigkeit", wobei auf abwechslungsreiches und durch kurze Spielphasen aufgelockertes Üben zu achten ist.

Für alle Erziehungsmaßnahmen gilt der Grundsatz, daß der Hund lernen muß, sich ein- und unterzuordnen. Erwecken Sie bei ihm nie die Hoffnung, selbst Meuteführer werden zu können!

Neben den Hörzeichen werden zusätzlich eindeutige Sichtzeichen ge-

Schäferhunde sollten konsequent und methodisch erzogen werden. Wichtige Übungen hierbei sind: „Sitz" (oben links), warten, bis er gerufen wird (oben rechts), gehen und laufen bei Fuß ohne Leine (rechts). Wichtig ist: Trainieren Sie mit Ihrem Hund ausschließlich auf einem Hundetrainingsplatz, auf öffentlichen Straßen sind derartige Übungen zu riskant!

geben, die dem Hund begreiflich machen sollen, was man von ihm will. Mit der Zeit treten die unmittelbaren Leineneinwirkungen mehr und mehr in den Hintergrund, da der Hund bereits auf das Hörzeichen reagiert und das geforderte Verhalten zeigt.

Es entspricht sicherlich nur einem Wunschdenken, wenn so mancher Hundebesitzer behauptet: „Mein Hund versteht jedes Wort!" Unsere Vierbeiner können sich nämlich nur

maximal 35 bis 40 Wörter auf Grund des Tonfalls und nicht etwa dem Sinne nach merken. Daher ist die Konzentration auf wenige klar verständliche Hörzeichen nötig.

Auch dem Laien wird nun klar, weshalb die Hundesprache eine recht verkürzte Kommandosprache ist, bestehend aus „Fuß", „Sitz", „Platz", „Steh", „Hier", „Hopp", „Bring's", „Voraus", „Such", um nur einige wesentliche Befehle zu nennen. Vergessen wir dabei nicht, daß neben dem reinen Hörzeichen auch dessen Betonung hilft, uns dem Hund verständlich zu machen. „Der Ton macht die Musik" – kaum eine Redewendung paßt besser auf die Verständigung zwischen Mensch und Hund! Mit zunehmendem Alter (etwa ab sechs Monaten) und fortgeschrittenem Training können die Anforderungen an die Leinenführigkeit erhöht werden. Exakte Wendungen (rechts, links und kehrt) sowie plötzliche Tempowechsel (normal – schnell – langsam) gehören nun ebenso zum Training, wie das sichere Gehen durch eine Personengruppe. Schließlich ist bei den Übungen auch die Ablenkung durch andere Hunde einzubeziehen.

Dem Anfänger rate ich dringend, die weitere Ausbildung mit dem nun abgeleinten Hund ausschließlich auf einem Hundetrainingsplatz unter erfahrener Anleitung zu üben. Auf öffentlichen Straßen sind derartige Übungen sehr riskant, weil Sie Ihren Schützling nicht mehr mit der Leine unter Kontrolle haben. Auch kann das Training methodisch falsch angelegt sein, so daß es der weiteren Ausbildung eher schadet als nützt.

Von der Grundstellung
zur Sitzübung

Beim Gehen an der Leine kommt es aus den verschiedensten Gründen immer wieder vor, daß wir stehenbleiben müssen, sei es etwa an einer Verkehrsampel oder beim Zusammentreffen mit Bekannten. Für unseren Hund bedeutet das plötzliche Verweilen nicht, daß er sich nun selbst überlassen bleibt und herumschnüffeln oder uns gar in irgendeine andere Richtung ziehen kann.

Bereits dem Welpen gewöhnen wir das Hinsetzen an, indem wir ihn durch Druck auf die Kruppe und durch gleichzeitiges Hochziehen am Halsband verbunden mit dem Hörzeichen „Sitz" zum gewünschten Verhalten bewegen. Der Hund sollte immer die gleiche Einwirkung erfahren, das heißt, Niederdrücken der Kruppe und das Kommando „Sitz" mit gleicher Betonung. Das Hörzeichen sprechen wir dabei als langgezogenes „Siieetz" aus. Streicheln über die Rückenpartie und loben „so ist's brav" unterstützen das richtige Verhalten. Alle Übungen beginnen künftig aus der Grundstellung, bei der der Hund links neben dem Hundeführer (so die Fachsprache) auf Kniehöhe in derselben Richtung sitzt. Jedes Stehen-

bleiben ist für den Hund mit dieser Grundstellung verbunden, außer er wird zu einem anderen Verhalten aufgefordert. Unser Ziel muß sein, daß er sich selbständig und flott setzt. Wenn Sie Ihren Hund zu einem zuverlässig gehorsamen Vierbeiner erziehen möchten, dann achten Sie unbedingt auf ein konsequentes Ausführen Ihrer Kommandos.

Wenn Ihr Hund die Grundstellung gut beherrscht, kann diese Übung auch aus der Bewegung heraus trainiert werden, wobei der Hund lernen muß, im Sitz zu bleiben, auch wenn Sie sich von ihm entfernen.

Verharren Sie nach dem Hörzeichen „Sitz" einige Sekunden neben Ihrem Hund, drehen Sie sich dann zu ihm um, so daß Sie unmittelbar vor ihm stehen und ihm ins Gesicht schauen,

wobei die Leine locker in der rechten Hand gehalten wird. Die linke Hand unterstützt die Wartehaltung des Hundes.

In ruhigem Ton wird das Hörzeichen „Siieetz" gegeben, verbunden mit einem ebenfalls langgezogenen „Bleib daaa". Sie erinnern sich, der Ton macht die Musik! Bei dieser Geduldsprobe kommt es sehr auf Ihre ruhige, aber bestimmte Art an, sich Ihrem Hund verständlich zu machen. Fehlverhalten, das heißt aufstehen oder hinlegen wird sofort mit strengem Ton und Körpereinwirkung zum Sitz korrigiert.

Wenn der Hund gelernt hat, aus der Bewegung sicher auf das Hörzeichen Sitz zu reagieren, können Sie allmählich die Entfernung zum sitzenden Hund vergrößern. Ziel muß sein, sich bis auf 30 Schritte vom Hund in gerader Richtung zu entfernen, kurz zu verweilen und anschließend mit ruhigem Schritt zurückzukehren, ohne daß er seine Position verändert. Erst wenn Sie wieder rechts neben dem Hund stehen, ist die Übung beendet und das ausgiebige Loben kann erfolgen.

Die Platz-Übung

Kaum eine Übung hat für den praktischen Alltag einen höheren Stellenwert als die Platz-Übung, wenn man einmal von der Leinenführigkeit absieht. In der Wohnung soll der Hund sich an einer bestimmten Stelle hinlegen, bei Besorgungen soll er an einem Ort auf sie warten, bei der Autofahrt soll er im Rückraum Platz machen, in einem Lokal soll er unter oder neben dem Tisch verweilen – überall wird Ihnen die Notwendigkeit für diese Übung einleuchten.

Da der Welpe ein häufiges Bedürfnis nach Schlaf oder zumindest nach Ruhe hat, wird er sich oft selbst zurückziehen und den ruhigen Platz, den man ihm zugewiesen hat, aufsuchen. Bereits in dieser Phase kann man ganz nebenbei den Welpen an

„Sitz" und „Platz" sind die wichtigsten Kommandos in der Hundeerziehung

das Hörzeichen „Platz" gewöhnen, indem man es immer dann verwendet, wenn er sich hinlegt.

Mit dem Älterwerden kann man dies natürlich nicht mehr dem Zufall und dem Willen des Hundes überlassen, sondern er muß nun lernen, daß er sich auf das Hörzeichen „Platz" an der Stelle, wo er sich gerade befindet, hinlegt. Dies geht nicht ohne unsere körperliche Einwirkung, die je nach Alter und Sensibilität unseres Schützlings dosiert werden muß.

Am einfachsten beginnt man die Übung aus der Grundstellung, das

So transportiert man nur Hunde, die „Platz" konsequent einhalten

heißt unser Hund sitzt neben uns an der lockeren Leine und wird nun auf das Kommando „Platz" mit einem Leinenruck zum Boden in die Platzhaltung gedrückt. Jeder Junghund wird sich zunächst verzweifelt gegen diese Form der Unterdrückung zur Wehr setzen. Ich rate deshalb, dabei neben dem Hund in die Knie zu gehen und ihn unter ruhigem Zusprechen „Bleib" mit sanfter Gewalt herunterzudrücken, bis seine Gegenwehr nachläßt. Wiederholen Sie in ruhigem, aber bestimmten Ton das Hörzeichen „Platz", und legen Sie Ihm zur Unterstützung auch die linke Hand auf seine Schultern.

Bei ganz störrischen Vierbeinern hilft es, wenn man die Vorderläufe nach

vorne wegschiebt, so daß er automatisch in die Platzposition hineinrutscht.

Vermeiden Sie in dieser Phase überschwengliches Loben, denn das animiert Ihren Schützling sofort zum freudigen Aufstehen, was in dieser Situation keinesfalls geduldet werden darf. Wenn Ihr Hund nun ruhig liegen bleibt, stehen Sie langsam aus der Hocke auf und wiederholen dabei Ihr Kommando „Platz, Bleib". Die Leine halten Sie möglichst unauffällig. Keinesfalls darf sie den Hund zum Aufstehen anregen.

Wenn es Ihnen nach mehrfachem Üben – über mehrere Tage verteilt – gelingt, Ihren Hund auf die Platzposition zu bannen und Sie hierbei aufrecht neben ihm stehen können, ohne daß er ebenfalls aufsteht, haben Sie schon fast gewonnen! Aber ein entscheidender Schritt zur Absicherung der Übung muß – ähnlich wie bei der Sitzübung – noch getan werden: das Entfernen vom Hund. Nachdem er nun sicher verstanden hat, was Sie mit dem „Platz" von ihm wollen, beginnen Sie, bei abgelegtem Hund an der lockeren Leine einige kleine Schritte hin und her zu gehen. Intensivieren Sie diese Übung, bis Sie Ihren liegenden Hund mit der Leine in der Hand umkreisen können.

Schließlich entfernen Sie sich mit Blickrichtung etwa eine Leinenlänge rückwärts von ihm und kommen zum Schluß immer wieder zu Ihrem liegenden Hund zurück. Nun wird er mit einem langgezogenen Hörzeichen „Siieetz", Klopfen auf den linken Oberschenkel und einem kurzen Leinenruck aus dem „Platz" in das „Sitz" befördert.

Ihr Hund hat nun auf jeden Fall ein intensives Lob verdient, das mit einem Leckerbissen und einer anschließenden kurzen Spielphase verbunden werden kann.

Sie merken sicher, worauf die Übung hinausläuft: Ihr Hund soll lernen, an einer bestimmten Stelle im „Platz" zu verweilen, bis Sie ihn durch eine neue Aufforderung hiervon ablösen. Diese Übung erfordert zunächst viel Geduld und Selbstbeherrschung, aber auch eine Portion Konsequenz und Durchsetzungsvermögen gegenüber Ihrem Vierbeiner.

Üben Sie in den verschiedensten Situationen und keinesfalls nur in der Trainingsstunde im Verein. In der Wohnung, im Garten, beim Spaziergang, überall sollte Ihr Hund „Platz" beherrschen und für ihn zum selbstverständlichen Gehorsam zählen, auf den Sie sich auch in brenzligen Situationen verlassen können.

Kommt er, oder kommt er nicht?

Viele Hundehalter mühen sich bei ihren Spaziergängen oft vergeblich, den einmal von der Leine befreiten Vierbeiner wieder unter Kontrolle zu bekommen. Ist er endlich an der Leine, wird er für sein Fehlverhalten energisch ausgeschimpft und damit ein Kardinalfehler der ganzen Hundeerziehung begangen!
Ihr Hund wird die Strafe nämlich nicht wie von Ihnen erwartet, auf sein Herumstreunen beziehen, sondern auf das unmittelbar vor der Strafe Ausgeführte, und das war letztendlich doch das Zurückkommen. Mit der Strafe wurde also das Gegenteil bewirkt, was man eigentlich erreichen wollte. Durch dieses Miß-

Auch wenn die Pfütze noch so verlockend ist: Ein gut erzogener Hund muß dem Kommando seines Menschen gehorchen!

verständnis wird der Hund künftig noch zögerlicher zurückkommen, da ihn ja die Bestrafung erwartet!
„Ablegen in Verbindung mit Herankommen" heißt der folgende Übungsteil in den Prüfungsordnungen, und er hat einen zentralen Stellenwert für die Erziehung, die Ausbildung und die hohe Schule des Hundesports. Auch das Herankommen nach Aufforderung in Verbindung mit dem Ablegen übt man zunächst mit der Leine. Aus der Grundstellung (der Hund sitzt links neben Ihnen) erfolgt

das Hörzeichen „Platz", was Ihr Schützling inzwischen schnell und zuverlässig ausführen sollte. Ähnlich wie bei der Übung „Sitz aus der Bewegung" drehen wir uns jetzt zum Hund, so daß Sie dem liegenden Tier unmittelbar gegenüberstehen. Die Leine behalten Sie möglichst unauffällig in der rechten Hand, damit sie den Hund nicht irritiert. Während das Hörzeichen „Platz, Bleib" – unterstützt durch eine ausgestreckte, zum Hund zugewandte Handbewegung – erfolgt, bewegen Sie sich langsam rückwärts von Ihrem liegenden Hund weg. Jede Lageveränderung des Hundes muß sofort korrigiert werden, und der eben beschriebene Übungsteil wird erneut begonnen. Haben Sie Geduld, wenn diese Übung nicht gleich funktioniert, sie ist eine der schwierigsten in der Grundausbildung und benötigt viel Einfühlungsvermögen.

Erst wenn Sie sich eine Leinenlänge rückwärts entfernen können, ohne daß der Hund unruhig wird und aufsteht, wenn Sie um ihn herumgehen oder sogar über ihn hinweg steigen können, ohne seine Ablage zu beeinflussen, dürfen Sie mit einem freudigen „Hiieer" das Heranrufen üben. Nach dem Vorsitzen, bei dem gerade zu anfangs mit Lob nicht gespart werden sollte, führen Sie Ihren Hund –

ohne die Grundstellung zu ändern – um sich herum auf die linke Seite in die Sitzposition. Bevor Sie diese Übung mit dem abgeleinten Hund trainieren, wiederholen Sie die Lektion regelmäßig mit unterschiedlichen Entfernungen, wobei Ihnen verschieden lange Leinen nützlich sind.

Wichtig ist, daß Sie gerade das Abrufen an der Leine auch auf Spaziergängen und außerhalb des Trainingsgeländes Ihres Schäferhundevereins üben. Erst danach sollten Sie das Abrufen auf Distanz im abgeleinten Zustand trainieren, wobei man dies immer mit dem Abholen kombinieren soll. So vermeiden Sie, den Hund einseitig auf das Abrufen zu fixieren, was leicht zu vorschnellen und ungewollten Reaktionen führt.

Denken Sie dabei stets an den pädagogischen Grundsatz, immer erst das nächste Lernziel anzugehen, wenn die vorherigen Ziele erreicht sind, das heißt vom Hund beherrscht werden. Das Lob am Ende jeder Übung gibt Ihrem Schüler Selbstvertrauen und schafft die Voraussetzung zum spielerischen Lernen.

Ist der Hund träge und lernunwillig, suchen Sie die Fehler immer erst einmal bei sich selbst, bevor Sie Ihrem Hund die Schuld geben, denn Fehler macht der Mensch, nicht der Hund!

Wenn der Hund zum Hobby wird

Der Hundesport hat viele Gesichter

Wer mit seinem Deutschen Schäferhund sportliche Ambitionen hat, sollte zunächst eine gewissenhafte Ausbildung anstreben. Mit zwölf Monaten darf der Hund zur Begleithund-Prüfung geführt werden. Frühestens mit 18 Monaten kann man dann die Schutzhundeprüfung I (SchHI) absolvieren (s. S. 63), die einer intensiven Vorbereitung in den Sparten Fährtenarbeit, Gehorsamsübungen (Unterordnung) und Schutzdienst bedarf. In dieser Ausbildungsphase lernen Sie recht schnell die Belastbarkeitsgrenzen Ihres Hundes kennen und seine Veranlagungen für den Leistungssport.

Während Fährtenarbeit und Unterordnung ganz entscheidend von Ihrem Geschick als Ausbilder abhängen, sind Sie beim Schutzdienst besonders angewiesen auf ein vorhandenes Triebpotential (Beutetrieb, Wehrtrieb, Aggressionstrieb und Meideverhalten, das unter dem Sammelbegriff Kampftrieb bewertet wird), das auch dem besten Ausbilder seine Grenzen setzt, wenn die entsprechenden Veranlagungen beim Schutzhund nicht ausgeprägt sind. Stimmen die Voraussetzungen beim Hund und haben Sie die richtige Einstellung, so steht es Ihnen frei, über Ihren Verein auch Wettkampfsport nach den Vorgaben der

Prüfungsordnung zu betreiben. Neben Pokalwettkämpfen auf lokaler Ebene, Stadtmeisterschaften und Landesmeisterschaften schaffen Spitzensportler den Sprung zu nationalen und internationalen Titelkämpfen bis hin zu den jährlich stattfindenden Weltmeisterschaften der Weltunion der Schäferhundvereine, an denen bereits über 20 Länder mit eigenen Nationalteams teilnehmen.

Längst ist die seit Jahrzehnten überlieferte und in ihrem Kern kaum veränderte Schutzhundeausbildung nicht mehr das ausschließliche Element der Vereinsarbeit. Vereine des Hundewesens bieten neben dem traditionellen Bereich des Hundesports auf der Basis der Schutzhundeprüfung mehr und mehr Alternativen an. Speziell im Umfeld der Gebrauchshundevereine, die sich im Gegensatz zu den Rassehundevereinen keinerlei züchterischer Betätigung widmen, wird seit einigen Jahren eine Palette von Breitensportaktivitäten angeboten:

- **Der Vierkampf** mit dem Hund besteht aus den Sparten Gehorsam, Hürdenlauf, Slalomlauf und Hindernislauf.
- **Bei dem Geländelauf** mit dem Hund kann man zwischen der 2 000-Meter- und der 5 000-Meter-Distanz wählen.

- Bei den sogenannten **Hindernislauf-Turnieren** müssen auf einer Bahn von 75 Meter Länge acht aufgebaute Hindernisse vom Hund fehlerfrei überwunden werden.
- Ganz besonders im Trend liegt derzeit eine Hundesport-Variante, die ihre Heimat in England hat und sich wie ein Virus unter den Hundesportlern verbreitet hat. Die Rede ist von **AGILITY** (siehe auch Seite 64–65). Hierbei müssen Hund und Mensch gemeinsam einen Hindernis-Parcours absolvieren.

Die Schutzhundeprüfung (SchH)

Die Formen des Wettkampfsportes mit Gebrauchshunden sind fast ausschließlich auf der Basis der Schutzhund-Prüfungsordnung geregelt, die von den einzelnen Fachverbänden in der Arbeitsgemeinschaft der Zucht- und Gebrauchshundevereine (AZG) beschlossen und über den Verband für das Deutsche Hundewesen (VDH) als verbindlich für den gesamten deutschen Prüfungsbereich herausgegeben wird.

Um internationale Wettkämpfe wie Europa- und Weltmeisterschaften zu ermöglichen, mußten über die internationalen Verbände einheitliche Ordnungen geschaffen werden. Der deutsche SV war hier Vorreiter.

Bereits 1968 hat er mit Einführung der Europaunion und 1974 mit der Erweiterung zur Weltunion der Vereine für Deutsche Schäferhunde (WUSV) eine internationale Wettkampfprüfungsordnung der WUSV entwickelt, die in den über 50 Mitgliedsstaaten bei internationalen Titelkämpfen praktiziert wird.

An sich hat die Schutzhundeprüfung eine doppelte Funktion. Zum einen ist sie eine Zuchtzulassungsprüfung und somit für jeden in der Zucht verwendeten Deutschen Schäferhund obligatorisch. Zum anderen stellt sie für jeden ernsthaften Hundesportler ein erklärtes Ausbildungsziel dar, je nach Anforderung in den drei Schwierigkeitsstufen SchHI, SchHII, SchHIII.

Behendigkeit auf vier Pfoten

Mit Behendigkeit übersetzt das Wörtchen den englischen Begriff „agility". Und in der Tat ist Behendigkeit bei Frauchen und Herrchen genauso gefragt wie beim Hund, wenn es in den Agility-Parcours geht.

Die dort aufgebauten Hindernisse sind äußerst vielfältig. Sie kommen größtenteils aus den verschiedenen hundesportlichen Aktivitäten: Mauern, Hürden, Schrägwand, Laufsteg, Wippe, Tisch oder Stoppzone, Tunnels, Reifen und Hecke. Eine bunte Palette, die neben dem rein sportlichen Charakter auch den Spaß nicht zu kurz kommen läßt. Es handelt sich also um eine Kombination von sportlicher Fitneß und Geschicklichkeitstraining.

Der Wettkampf selbst orientiert sich stark an den Elementen des Springreitens: Der Hund muß einen Standard-Parcours, der vom Richter gestellt wird, innerhalb einer bestimmten Zeit bewältigen und soll dabei möglichst keine Fehler an den Hindernissen machen. Wie beim Springreiten gibt es eine „Standard-Parcours-Zeit" und Strafpunkte für das Überschreiten dieser Zeitvorgabe. Nun ist Agility kein spezieller Sport für Schäferhunde, auch andere Rassen und Mischlinge können an diesem Freizeitsport teilnehmen. Daher wird man auch in den Schäferhund-Vereinen selten Agility-Training ausschließlich mit Deutschen Schäferhunden erleben, sondern in der Konkurrenz aller an dieser Disziplin

interessierten Hundefreaks. Sind die kleineren Rassen vielleicht bezüglich der Schnelligkeit im Vorteil, so gleichen die Deutschen Schäferhunde dies durch ihre Zuverlässigkeit und Korrektheit wieder aus. Erwähnt werden muß: Es gibt für Kleinstrassen bis 40 cm Schulterhöhe einen eigenen Mini-Agility-Parcours.

Wie beim traditionellen Hundesport werden auch an Breitensport und an Agility bestimmte Voraussetzungen geknüpft. Der Verein für Deutsche Schäferhunde strebt an von allen Hunden, die Agility wettkampfmäßig betreiben wollen, eine bestandene Begleithund-Prüfung zu fordern.

Spezialprüfungen

Deutsche Schäferhunde sind nicht nur die gefragtesten Allrounder, sie sind auch Spezialisten in vielen Bereichen. Der folgende Überblick gibt eine Zusammenfassung der Möglichkeiten, die man mit seinem Hund hat, wenn er das Zeug zum Spezialisten mitbringt.

◆ Der Rettungshund

In dieser Disziplin hört der Spaß auf, wenn es darum geht, Menschen in Not zu helfen. Ausgebildete Rettungshundführer und ihre geprüften Vierbeiner stellen sich den verschiedensten Organisationen zum Katastropheneinsatz zur Verfügung (Rotes Kreuz, Feuerwehr, Lawinenstaffeln, Selbstschutzorganisationen usw.). Sie müssen damit rechnen, über Nacht

Deutsche Schäferhunde werden aufgrund ihrer Fähigkeiten sehr oft für spezielle Aufgaben eingesetzt

zu Katastropheneinsätzen gerufen zu werden und präsent zu sein, wenn es gilt, Menschenleben zu retten. Keine leichte Aufgabe, von einem Hobby kann man hier nicht mehr sprechen, denn es gehört neben dem Idealismus eine große Portion an Selbstlosigkeit und Hilfsbereitschaft dazu.
An Ihre Persönlichkeit und vor allem an Ihren Hund werden höchste Anforderungen gestellt. Voraussetzungen sind neben der körperlichen Fitneß absolute Nervenfestigkeit, zuverlässiger Gehorsam und eine hervorragende Nasenveranlagung für die Fährtenarbeit bei der Suche nach Verschütteten.

◆ *Der Fährtenhund*

Voraussetzung für diese Spezialdiszi-
plin ist die bestandene Begleithund-
Prüfung und die Veranlagung zur
Spurensuche, die durch intensives
Training gefördert und zu Höchstlei-
stungen entwickelt werden kann. In
der Fährtenhundprüfung (FH) muß
der Hund seine Fährtensicherheit auf
einer 1 000 bis 1 400 Schritt langen
und mindestens drei Stunden alten
Fremdfährte beweisen und hierbei
noch vier Gebrauchsgegenstände
aufspüren.
Eine Spezialausbildung, für die gerade
der Deutsche Schäferhund bestens
geeignet ist. Sein Einsatz als Diensthund in der Drogenfahndung stellt
sein außergewöhnliches Talent für
diese diffizile Aufgabe täglich unter
Beweis.

◆ *Der Hütehund*

Obwohl dieser Einsatzbereich heute
vielfach in Vergessenheit geraten ist,
fördert der SV nicht nur aus Tradi-
tionsbewußtsein den Deutschen
Schäferhund als Herdengebrauchshund, wie der Fachterminus heißt.
Leistungshüten bis hin zum Bundes-
leistungshüten sind inzwischen recht
populäre Veranstaltungen, die viele
Menschen in ihren Bann ziehen.
Der Verein für Deutsche Schäferhunde sichert sich hiermit natürlich
auch die wertvollen ursprünglichen
Erbanlagen der Hütehunde, die in
manch anderen Rassehundevereinen
durch eine einseitige Ausrichtung auf
Äußerlichkeiten leider verlorengegan-
gen sind.
Die Hütearbeit ist auf einen kleinen
Kreis von Schäfern beschränkt, da

sich der Deutsche Schäferhund in erster Linie für den Hütedienst an großen Herden eignet und daher kaum als Freizeitsport betrieben werden kann.

Die Zucht, der Schlüssel zum Erfolg

Ein Hobby der besonderen Art, stellt das Züchten einer Hunderasse dar. Denn Züchten heißt nicht einfach vermehren, sondern bedeutet verantwortungsbewußt und zielstrebig an

der Weiterentwicklung einer Hunderasse mitzuwirken. Wer sich für die Zucht interessiert, sollte dies nicht aus einer momentanen Laune heraus tun und sich vor allem nicht von kommerziellen Gesichtspunkten leiten lassen. Denn eine Illusion muß ich allen Interessierten gleich nehmen: Mit der Schäferhundezucht läßt sich nur selten Geld verdienen. Im Gegenteil, es ist ein sowohl zeitaufwendiges als auch finanziell belastendes Hobby, das neben einer Reihe von notwendigen Rahmenbedingungen, auf die ich noch zu sprechen komme, und neben der Liebe zur Kreatur vor allem umfangreiches Wissen, klare Zielvorstellungen und Erfahrung über Erfahrung voraussetzt.

Lassen Sie sich nicht blenden von Sensationsmeldungen, nach denen hochprämierte Schäferhunde für sechsstellige Summen ins Ausland verkauft wurden. Spitzenpreise werden nur von Spitzenhunden erzielt, von Ausnahmeerscheinungen also, die selbst bekannten und anerkannten Züchtern, wenn überhaupt nur höchst selten gelingen.

Bleiben Sie deshalb lieber auf dem Boden der Tatsachen. Züchten bedingt viel Idealismus und Verantwortungsbewußtsein. Der eigene Hund ist einem immer der schönste und beste!

■■■■ *Schäferhundezucht bedeutet sehr viel Arbeit, bereitet aber auch eine Menge Freude*

Aber für die Zucht taugt diese Schönfärberei absolut nicht. Hier müssen objektive Kriterien herhalten, an denen Sie sich und Ihre Hunde messen lassen müssen.

Nun könnten Sie die Zucht auch zu einem rein individuellen Hobby machen, losgelöst von Vereinsmitgliedschaft und Statuten, von Kontrollen und Auslesemachanismen. Bedenken Sie jedoch die Konsequenz einer derartigen Hundevermehrung. Ihre Welpen erhalten keinerlei anerkannte Abstammungspapiere, sie werden nicht als reinrassige Schäferhunde akzeptiert und kein seriöser Hundefachmann wird bei Ihnen Schäferhund-Nachwuchs kaufen. Sie riskieren mit Ihrer Zucht neben anatomischen und genetischen Defekten auch Wesensmängel, die sich in sozialer Unverträglichkeit manifestieren können, und letztlich tragen Sie mit dazu bei, die unverantwortliche Überpopulation von schäferhundähnlichen Mischlingen zu fördern, deren vielfaches Elend wir aus den Tierheimen zur Genüge kennen. Also Finger weg von solchen Selbstversuchen, die dem Gedanken der Kynologie und des Tierschutzes zuwiderlaufen.

Wenn Sie Ihre züchterischen Ambitionen wohl überlegt nun doch realisieren wollen, werden Sie auf eine faszinierende Freizeitbeschäftigung stoßen. Die Freude für einen echten Tierliebhaber ist kaum zu beschreiben, wenn er die geistige und körperliche Entwicklung seiner Welpen nicht nur verfolgen, sondern sie auch aktiv fördern kann, und wenn er durch überlegte Zuchtpartnerwahl erfolgreich an der Weiterentwicklung dieser beliebten Hunderasse teilhaben kann.

Eine schwierige Aufgabe

Schäferhundezucht können Sie nicht in einer Dreizimmer-Wohnung betreiben und auch nicht im Vorgarten. Sie benötigen viel Platz für eine Zwingeranlage und eine verständnisvolle Nachbarschaft, denen Sie ab und an ruhestörendes Hundegebell und das gelegentliche Gewinsel der Welpen zumuten dürfen.

Hundezucht erfordert sehr viel Zeit. Neben der Ausbildung der Zuchttiere und der Präsentation auf Zuchtschauen müssen vor allem die Welpen ständig betreut und umsorgt werden. Allein wird man das nie schaffen, ein Team von Helfern im Verein und in der Familie muß zur Verfügung stehen.

Auch die finanzielle Seite dieses Hobbys sollte bedacht werden.

Die Kosten für Tierarzt, HD-Verfahren, Ausstellungen, Prüfungen, Körungen, Deckakte, Verkaufsinserate sowie natürlich für die Ernährung werden in den meisten Fällen durch den Verkauf der Welpen gerade so gedeckt. Treten zusätzliche Belastungen auf, beispielsweise bei Erkrankungen, Verletzungen u. ä., dann kann die Zucht zu einem teuren Vergnügen werden.

Welche Voraussetzungen sind an den Hund zu stellen? Sie benötigen zunächst einmal eine gesunde und robuste Hündin, die eine Reihe von Qualifikationen bestehen muß, bevor sie überhaupt in die engere Wahl als Zuchthündin kommen kann.

◆ *Das HD-Verfahren*

Die Hüftgelenksdysplasie (HD) ist eine weitestgehend auf genetische Faktoren

zurück zuführende Erbkrankheit, von der fast alle großwüchsigen Rassen, also nicht nur die Deutschen Schäferhunde, betroffen sind.

Da der SV bei der Zuchtzulassung auf Grund seiner strengen Bestimmungen nur Schäferhunde mit gesunden Hüftgelenken akzeptiert, sollten Sie bereits im Alter von sechs Monaten eine erste Röntgenuntersuchung bei einem anerkannten Tierarzt vornehmen lassen, die Ihnen Aufschluß über eine mögliche HD-Anfälligkeit liefert. Haben die Hüftgelenke bereits eine deutliche Deformation, so müssen Sie eher mit einer weiteren Verschlechterung als mit Besserung rechnen und können ihre Zuchtverwendung bereits abschreiben.

Sind beide Hüften gesund, was heute bei acht von zehn Tieren der Fall ist, so dürfte auch beim eigentlichen HD-Überprüfungsverfahren, das im Alter von mindestens zwölf Monaten erfolgen muß, gute Aussicht auf einen negativen Befund gegeben sein.

Das Verfahren sieht vor, daß die Röntgenaufnahmen beim Tierarzt Ihrer Wahl, der allerdings vom SV anerkannt sein muß, meist unter Vollnarkose erfolgt und dann zur Auswertung über den SV an einen wissenschaftlichen Gutachter eingeschickt wird, der das letzte Wort über die Vergabe des „a"-Stempels in den Zuchtpapieren hat.

◆ *Die anatomischen*
   Voraussetzungen

Bereits im Alter zwischen neun und zwölf Monaten kann man beim Junghund deutliche Trends seiner anatomischen Anlagen erhalten. Auf einer sogenannten Nachkommenschau des SV können Sie Ihren Hund einem ersten Test bei einem Zuchtrichter unterziehen. Dort erhalten Sie eine Bewertung, die sich in drei Beurteilungskategorien teilt, nämlich „vielversprechend", „versprechend" und „weniger versprechend".

Auf eine solche Schau muß auch bereits der Welpe optimal vorbereitet werden. Er sollte eine gute Allgemeinverfassung mitbringen, sich also nicht gerade in der Haarung befinden oder gar erkrankt sein.

Vor allen Dingen muß er aber auf den Ablauf einer Zuchtschau vorbereitet werden. Sicherlich läßt sich dies nicht ohne die Hilfe erfahrener Hundefreunde aus dem Verein meistern. Auch die Einstellung des jungen Hundes auf das gesamte Umfeld mit seinen vielen Streßfaktoren bei einem solchen Wettbewerb kann nur über eine gewissenhafte Vorbereitung erfolgen. Ein ganz entscheidender

Aspekt für die Gesamtveranlagung Ihres Hundes stellt seine Unbefangenheit dar. Ängstliche, also nervenschwache Tiere müssen ebenso der Zucht ferngehalten werden, wie aggressive, ja bösartige Tiere.

◆ Der Fitneßtest

Schäferhundezucht ist Gebrauchshundezucht, sprich, Schäferhunde werden nicht aus reinen Schönheitsidealen gezüchtet, sondern auf Grund ihrer vielseitigen Eignung.

Das setzt bestimmte Veranlagungen voraus, die es gilt, durch eine planmäßige Zucht zu erhalten und wenn möglich zu verbessern. Hierzu zählen natürlich auch die körperliche Robustheit sowie die konditionelle Belastbarkeit.

20 km neben dem Fahrrad im Dauertrab schreibt die Ausdauerprüfung vor, die Sie Ihrem Hund ab 16 Monaten zumuten sollten, vorausgesetzt, Sie haben Ihn kontinuierlich darauf vorbereitet. Eine Prüfung, die keinem gesunden und trainierten Schäferhund irgendwelche Probleme machen sollte, denn diese Hunderasse ist von Natur aus auf Bewegung fixiert.

◆ Leistung ist gefragt

Mit zwölf Monaten beginnt so langsam der Ernst des Schäferhundelebens. Wer züchten will, sollte seinen potentiellen Zuchttieren mindestens eine Schutzhundeprüfung zumuten. Denn auch hier gilt der Grundsatz, daß neben den anatomischen Veranlagungen auch die Leistungsfähigkeit in den Sparten Fährtenarbeit, Unterordnung und Schutzdienst zu beweisen sind.

Als Einstieg sollten Sie, wenn Ihr Hund das erste Lebensjahr hinter sich hat, unabhängig von weiteren Ambitionen ohnehin die auf Gehorsam und Verhalten im Straßenverkehr ausgelegte Begleithund-Prüfung in Angriff nehmen. Mit 18 Monaten kann die Stufe I der Schutzhundeprüfung (SchHI) absolviert werden, für jeden Züchter ein unbedingtes Muß, wobei zu empfehlen ist, durch die weiterführenden Prüfungen SchHII und SchHIII zu dokumentieren, daß Ihr Hund imstande ist, mehr als die Mindestanforderungen zu bewältigen. Die Phase der Ausbildung erfordert von Ihnen eine konzentrierte und zielstrebige Trainingsarbeit unter Anleitung fachkundiger Ausbildungswarte und Schutzdiensthelfer in den Vereinen. Ohne Fleiß kein Preis, denn um drei bis vier Trainingseinheiten pro Woche werden Sie kaum herumkommen.

◆ *Die Zuchtschau*
Wie beim Menschen ist auch beim Deutschen Schäferhund die körperliche Leistungsfähigkeit am höchsten, wenn Körper, Geist und Seele im harmonischen Dreiklang sind.
Es gibt Rassehundezuchtvereine, die mit akribischer Genauigkeit Wert auf ein schönes Erscheinungsbild (den Phänotyp, wie die Kynologen sagen) legen, wobei Wesensmerkmale vernachlässigt werden.
Die Schäferhundezucht setzt gleichmäßig verteilte Akzente: Der Rassestandard (siehe auch Seite 10) fordert den äußerlich ansprechenden mittelgroßen Hund (Rüden 60–65 cm, Hündinnen 55–60 cm), leicht gestreckt, im Bewegungsapparat harmonisch aufgebaut und gewinkelt, gut bemuskelt mit ausdauerndem Trabergebäude. Dieser Hund soll aber auch gutartig, arbeitsfreudig und ein Helfer des Menschen sein.
Mit Ihren Zertifikaten über eine eventuell schon bestandene Schutzhunde-

Deutsche Schäferhunde besitzen eine unglaubliche Leistungsfähigkeit, wie diese Bilder eindrucksvoll beweisen

prüfung (ab 18 Monate) und der Ausdauerprüfung (ab 16 Monate) in der Tasche und natürlich dem „a"-Stempel in der Ahnentafel, melden Sie Ihren Hund im Alter zwischen ein und zwei Jahren in der Jugendklasse (12–18 Monate) oder der Junghundklasse (18–24 Monate) auf einer Ortsgruppen-Sonderschau an. Hat sich Ihr Hund nach seinem ersten Test in einer Nachwuchsklasse gut weiterentwickelt, dann sollten Sie die Chance haben, von einem autorisierten Zuchtrichter eine Zuchtbewertung von mindestens „gut" zu erhalten. Zur Zuchtzulassung fehlt Ihrem Hund jetzt nur noch die Körung.

◆ Die Körung

„Zweck der Körordnung ist es, eine Auslese unter den Zuchttieren zu treffen, die in ihrem Wesen, ihren Leistungen und in ihrem anatomischen Aufbau in besonderem Maße zur Erhaltung und Förderung der Rasse geeignet erscheinen". Dieses Zitat stammt aus der Körordnung des Vereins für Deutsche Schäferhunde und sagt das wesentliche: Die Körung ist eine Zuchttauglichkeitsprüfung, in der besonders geeignete Zuchttiere herausgestellt werden.

Ihr Hund wird sich einem letzten umfangreichen Test stellen müssen, den er frühestens im Jahr, in dem er zwei Jahre alt wird, absolvieren kann. Einen zentralen Stellenwert bei jeder Körung nimmt die Wesensprobe ein. Die Überprüfung durch den Körmei

Hundesport hat viele Gesichter. Er bereitet sowohl dem Hund als auch seinem Menschen viel Spaß — und wird manchmal sogar durch den Gewinn von Pokalen belohnt

ster erfolgt während der gesamten Körung. Hierbei hat sich der Hund wesenssicher, das heißt insbesondere unbefangen, selbstsicher, nervenfest und gutartig zu zeigen.

Er wird gewogen, vermessen und von allen Seiten im Stand und in der Bewegung begutachtet. Das Gebiß und die Tätowiernummer werden kontrolliert sowie bei Rüden die Hoden.

In einem gesonderten Körschutzdienst werden Mut und Kampftrieb bewertet, wenn es darum geht, den plötzlichen Angriff eines Scheintäters aus einem Versteck auf Hund und Führer zu vereiteln und einen Fluchtversuch des Bösewichts über eine lange Distanz zu unterbinden.

Es gibt eigentlich nichts, was dem Körmeister (einem besonders erfahrenen Zuchtrichter) an Positivem und Negativem entgehen könnte und was in einem eigenen Körbericht nicht seinen Niederschlag fände.

Wenn es optimal läuft, kommt Ihr Hund in Körklasse I und wird ausdrücklich zur Zucht empfohlen, das höchste Ziel für die Zuchtvoraussetzung ist erreicht! In Körklasse II wird er immerhin noch als zur Zucht geeignet charakterisiert.

Jetzt haben Sie wirklich alle Hürden vielleicht sogar mit Bravour genommen und können sich Ihrem eigentlichen Ziel der Zucht zuwenden, vorausgesetzt die Hündin hat zum Belegtag den 20. Lebensmonat vollendet, bzw. der Deckrüde ist mindestens zwei Jahre alt.

Sie sehen, das Züchten erstklassiger Deutscher Schäferhunde, und dies sollte immer das Ziel sein, stellt höchste Anforderungen an den Hund und Züchter. Von theoretischen Kenntnissen über die Vererbungslehre und die Zucht- und Blutlinien ist in den bisherigen Ausführungen noch gar nicht gesprochen worden.

Dieses Spezialthema würde auch den Rahmen dieses Buches sprengen und bleibt daher den Fachbüchern der Hundezucht vorbehalten.

Von Natur aus pflegeleicht

er anspruchslose Familienhund

Schäferhunde gehören zu den Gebrauchshunderassen, die, wie der Name schon sagt, auf ihre Gebrauchstüchtigkeit gezüchtet werden. Im Vordergrund stehen also die Erhaltung und die Festigung ursprünglicher Eigenschaften, die die Vielseitigkeit dieser weltweit so gefragten Hunderasse ausmachen. Hieraus resultiert für den Deutschen Schäferhund eine relativ pflegeleichte Handhabung. Beginnen wir bei der **Fellpflege.** So schön der langhaarige Zottelbär auch ausschauen mag, Langhaarschäferhunde sind in der Zucht unerwünscht, weil ihr Haarkleid gerade nicht die Witterungsbeständigkeit aufweist, wie das traditionelle Stockhaar, das durch eine dichte Unterwolle den Hund resistenter und damit unempfindlicher gegenüber extremen Klimabedingungen macht. Nicht umsonst sind Deutsche Schäferhunde in arktischen Regionen ebenso gefragt wie in tropischen Klimazonen. Aufgrund seiner einfachen Pflege hat er sich auch als Familienhund bewährt. Nach einem Spaziergang durch Schmutz und Schlamm fallen trockener Sand und Lehm beinahe wie von selbst wieder ab. Auch ein durchnäßtes Fell nach einem Regenschauer benötigt keine Fönbehandlung, da die dichte, wasserabstoßende Unterwolle die Feuchtigkeit abhält. Große Reinigungsaktionen sind absolut überflüssig. Für die Fellpflege benötigt man einen robusten Striegel und eine Bürste, mit der regelmäßig alle paar Tage kräftig gekämmt und ausgebürstet wird. Dabei untersucht man die Hautoberfläche auf verletzungs- und krankheitsbedingte Veränderungen wie Entzündungen, Reizungen, Wunden und Parasitenbefall (Zecken).

Gerade auch Hautpilzerkrankungen, die an den oftmals rundlichen Hautflecken mit rötlichem Rand, Haarbruch und Schuppen zu erkennen sind, sollte man sofort behandeln, da sie leicht zu einer lästigen ja quälenden Tortur für jeden Vierbeiner werden können.

Von klein auf gewöhnt man seinen Hund durch die Fellpflege auch an einen engen Sozialkontakt und unterstützt weiterhin wichtige Hautfunktionen wie Durchblutung und Haarwachstum. Natürlich muß während des Haarwechsels vor allem im Frühjahr der Striegel nahezu täglich zur Hand genommen werden, um die sich ablösende Winterunterwolle herauszulösen.

Hunde, die fast ausschließlich im Freien gehalten werden, haben ein dichteres Unterkleid als reine Wohnungshunde und machen einen intensiveren Haarwechsel durch. Zur Unterstützung kann man in dieser Phase ein Hundebad mit einem nachfettenden Spezialschampoo empfehlen, keinesfalls jedoch sollte man Hunde bei jeder Gelegenheit baden und schamponieren.

Die körpereigene Fettschicht auf der Hautoberfläche wird Ihnen diese artfremde „Pflege" nicht verzeihen! Ein glänzendes Schäferhundfell ist nicht nur eine Augenweide, sondern auch ein Indiz für einen gesunden und ausgeglichenen Hund und wird nicht durch äußere Einwirkungen wie ständiges Baden erreicht.

Um Entzündungen des **Gehörganges** vorzubeugen, empfiehlt es sich, diesen jede Woche mit einem auf ein Holzstäbchen oder um eine Pinzette gewikkelten Wattebausch zu reinigen. Ölige Flüssigkeiten sollten nicht verwendet werden, da sie leicht mit Staub und Schmutz verkleben. Vorsicht ist geboten, bei Schmerzempfindlichkeit der Ohren, besonders im Bereich des Gehörganges. In diesem Fall sollte man unbedingt einen Tierarzt zu Rate ziehen.

Kratzt sich der Hund oft am und im Ohr oder hält er den Kopf schief, können das weitere Indizien für eine Erkrankung oder Verletzung im Bereich der Ohrmuschel sein. Insgesamt gesehen sind

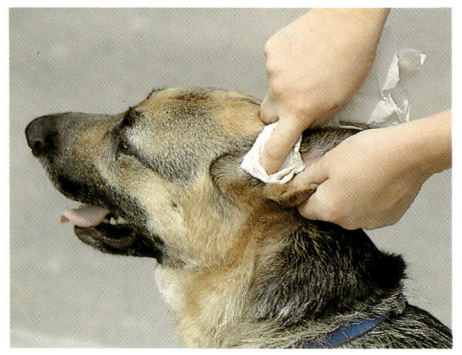 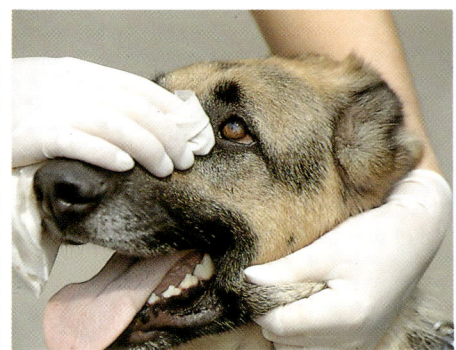

die Stehohren des Deutschen Schäferhundes aber eher als unempfindlich
zu betrachten.

Auch die **Augen** bedürfen einer regelmäßigen Kontrolle und Pflege. Ein
gesundes Auge hat eine hellrosa Lid-
bindehaut, eine weiße Lederhaut und
eine klare Iris. Die Pupille weitet und
öffnet sich bei wechselnden Lichtver-
hältnissen.

Das Augensekret sollte man jeden
Morgen mit einem sauberen Tuch
entfernen. Starke Rötung, Verklebung
oder Trübung sollten immer Anlaß
sein, den Tierarzt zu konsultieren.
Wie beim Menschen ist der **Zahnstein** auch beim Hund vorwiegend
Veranlagungssache und kann zu einer
schmerzhaften Zahnfleischentzün-
dung führen. Zu weiche Nahrung fördert zudem die Zahnsteinbildung,
wodurch die Selbstreinigung der
Zähne gestört wird.

Kauknochen, beispielsweise Ochsen-
ziemer oder Büffelhautknochen, und
Hundebiskuits („Hundekuchen") tragen nicht nur zur Erhaltung gesunder
Zähne bei, sie sind auch eine gute
Prophylaxe gegen Zahnsteinbildung
und außerdem ein hervorragender
Knochenersatz. Da im Schutzdienst
besondere Anforderungen an das
Gebiß gestellt werden, ist eine regelmäßige Kontrolle für Hunde, die
Schutzhund-Prüfungen ablegen, unbedingt erforderlich.

Hat sich bereits Zahnstein gebildet,
muß er vom Tierarzt meistens unter
Narkose entfernt werden. Auch kann
es vorkommen, daß Zähne gezogen
oder zumindest zahnmedizinisch ver-
sorgt werden müssen. Das ist heutzu-
tage relativ unproblematisch.
So wurden beispielsweise Zahnfehl-
stellungen bei Deutschen Schäferhunden therapiert, ohne daß es zu

Einschränkungen der Gebrauchstüchtigkeit (beispielsweise bei den
Diensthunden der Polizei) gekommen
wäre.

Im Alter von vier bis fünf Monaten
wechselt der junge Hund das Gebiß,
er verliert seine Milchzähne. Es kann
dann zu Kieferanschwellungen und
einer erhöhten Sensibilität bis hin zu
Schmerzen kommen. Der Zahnwechsel dauert maximal drei Monate und
kann kurzzeitig Probleme bei der
Fütterung mit sich bringen.

Auch können die bereits aufrecht ste-
henden Ohren plötzlich wieder ein-
knicken. Aber keine Sorge, wenn der
Zahnwechsel vollzogen ist, stellen
sich die Ohren wieder von selbst.
Das Schneiden der **Krallen** ist bei
Schäferhunden überflüssig, da sie
sich beim Laufen hinreichend abnut-
zen. Nur in Ausnahmefällen muß
man zu einer groben Feile greifen,
zum Beispiel wenn der Hund krank-
heitsbedingt kaum Bewegung hat.
Die **Pfoten** sollte man nach jedem
Spaziergang inspizieren. Leicht können sich Dornen, Splitter, Kletten
u. ä. zwischen den Ballen festsetzen.
Mit Hilfe einer Pinzette lassen sich
solche Gegenstände entfernen. Treten
aber Entzündungen oder Schwel-
lungen auf, müssen Sie mit Ihrem
Schäferhund zum Tierarzt gehen.

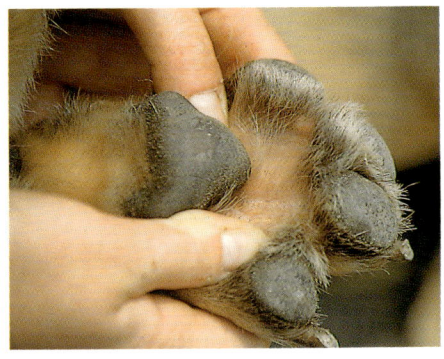

Wenn Ihr Hund einmal krank wird

Wenn man sich einen kleinen Welpen
ins Haus holt, dann hat der Züchter
die Entwurmung und die erste Schutzimpfung in den meisten Fällen vom
Tierarzt schon durchführen lassen.
Die Entwurmung sollte auch später in
regelmäßigen Abständen wiederholt
werden. Das macht ein Tierarzt, der
auch die zweite Schutzimpfung des
Welpen im Alter von 12–14 Wochen
vornimmt.

Schon mit der Milch hat der Welpe
von seiner geimpften Mutter erste
Schutzstoffe bekommen. Die Schutzimpfungen veranlassen den Körper,
weitere Abwehrstoffe gegen Infektionskrankheiten zu bilden – je nach
verwendetem Impfstoff gegen Staupe,
ansteckende Leberentzündung (Hepatitis), Stuttgarter Hundeseuche (Lepto-

spirose), Parvovirose und Tollwut. Diese Schutzimpfungen müssen unbedingt in regelmäßigen Abständen wiederholt werden.

Es ist empfehlenswert, den Impfpaß, den der Züchter oder der Tierarzt mitgegeben hat, bei jedem Tierarztbesuch mitzubringen, um fällige Schutzimpfungen nicht zu versäumen.

Die Gesundheit Ihres Hundes liegt ganz in Ihrer Hand. Das heißt vor allem: Nur der richtige und trotzdem nicht übermäßig ernährte Hund bleibt gesund.

Einen gut ernährten, zusätzlich entwurmten und schutzgeimpften jungen Schäferhund braucht man auch von anderen Hunden nicht fernzuhalten. Im Gegenteil: Die Ansteckungsgefahr ist sehr gering, und ein Hund benötigt die Bewegung mit anderen Hunden.

Es ist wichtig, daß Sie Ihren Hund genau beobachten. Immer dann, wenn er sich nicht wie gewohnt verhält, ist es nötig, ihn näher in Augenschein zu nehmen und eventuell sogar einen Tierarzt aufzusuchen. Das kann ihm das Leben retten, zum Beispiel, wenn er etwas Vergiftetes gefressen hat oder wenn er einen Fremdkörper verschluckt hat, was gerade bei jungen Hunden trotz aller Vorsicht vorkommen kann.

Erbrechen muß in diesem Zusammenhang aber nicht immer gleich ein Alarmsignal sein. Ein Hund erbricht häufiger, ohne daß man sich Sorgen machen muß. Hat er zu hastig gefressen, kann es zu einem Hochwürgen von Futterresten kommen, die anschließend wieder gefressen werden. Nach Grasfressen, was partout nichts mit einem bevorstehenden Wetterumschwung zu tun hat, bringt der Hund gelegentlich dieses Gras mit weißen Schaum hoch. Auch dies ist kein Grund zur Beunruhigung! Anders sieht es aus, wenn Ihr Vierbeiner häufig würgt und erbricht und sein Allgemeinverhalten von Lethargie und Krankheitssymptomen gekennzeichnet ist. In solchen Fällen immer sofort zum Tierarzt!

Der Besuch beim Tierarzt

Im Wartezimmer läßt man den Hund grundsätzlich angeleint, es sei denn, eine Verletzung oder Erkrankung hindert uns daran.

Welpen, die zur allgemeinen Belustigung possierlich herumtapsen, können spontan urinieren, Hunde mit Durchfallerkrankungen ebenso plötzlich Kot absetzen.

Auch sollten sich die Tiere nicht beschnüffeln, selbst wenn sie im Wartezimmer besonders friedlich sind.

Jeder kann den anderen anstecken! Man sollte voraussetzen, daß man seinen Hund falls notwendig säubert, bevor man ihn dem Tierarzt vorstellt. Blutende Wunden kann man beispielsweise mit etwas klarem Wasser auswaschen und behelfsmäßig verbinden.

Ist eine Urinprobe mitzubringen, so hält man ein sauberes Gefäß bereit und fängt dann etwas Urin auf. Anschließend füllt man den Inhalt in ein ebenfalls absolut sauberes (eventuell ausgekochtes) verschließbares Gefäß um.

Eine Kotprobe läßt sich mit einem Plastikhandschuh oder mit einer Plastiktüte problemlos aufnehmen. Wie jeder andere Arzt liebt es auch der Tierarzt nicht, wenn man beim Eintritt ins Behandlungszimmer die

Diagnose schon parat hat. Er benötigt aber unsere Mithilfe, vor allem bei der Feststellung des Befundes.

Beschreiben Sie die Symptome, die vom normalen Verhalten abweichen und die Sie mißtrauisch gemacht haben.

Sagen Sie Ihrem Tierarzt als erstes immer, weshalb Sie zu ihm gekommen sind, damit sind Sie gleich beim Thema. Und bedenken Sie, der Tierarzt wird sich zwar Zeit für Sie nehmen, doch im Wartezimmer sitzen Patienten, die auch noch behandelt werden wollen.

Selbsthilfe

Sie sollten von Anfang an ein paar wichtige Handgriffe beherrschen, mit denen Sie Ihrem Hund im Bedarfsfall helfen können.

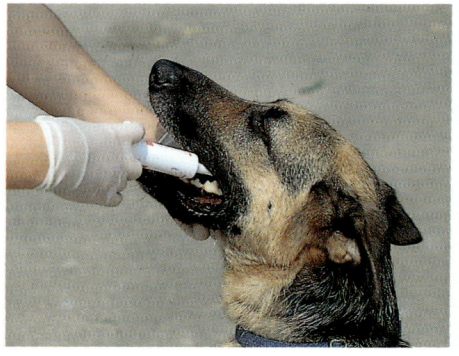
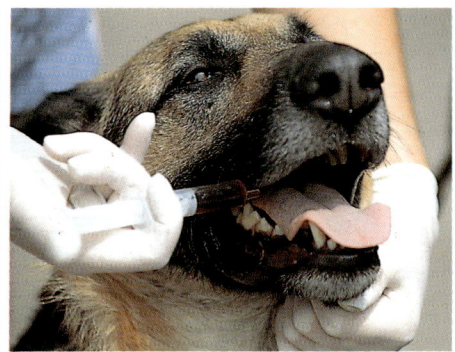

◆ **Eingeben von Medikamenten**

Hierfür öffnen Sie den Fang des Hundes, indem Sie mit der Hand über den Oberkiefer greifen und die Lefzen seitlich in den Fang hinein über die Backenzähne schieben. Dann die Tablette zwischen Zeigefinger und Daumen der anderen Hand nehmen, mit einem Finger den Unterkiefer herunterdrücken und die Tablette weit in den Rachen schieben. Anschließend halten Sie die Schnauze mit der Hand so lange geschlossen, bis der Hund geschluckt hat. Loben nicht vergessen!

◆ Auch das **Fieber messen** muß gelernt sein. Am besten fettet man das Thermometer ein und führt es unter leichtem Druck in den After ein.

Übrigens, Fieber zeigt sich bei Welpen bis zu einem Jahr erst bei einer Körpertemperatur über 39,5 Grad. Erwachsene Hunde liegen im Durchschnitt tiefer, also bei etwa 38,5 Grad. In Zweifelsfällen sollte man den Rat des Tierarztes einholen.

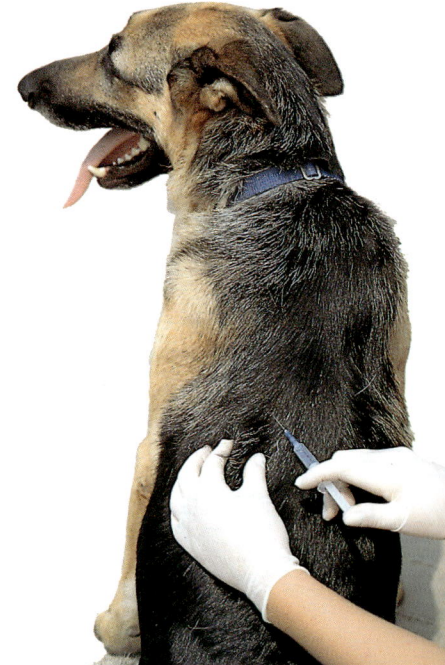

Die Hüftgelenksdysplasie

Die Hüftgelenksdysplasie oder abgekürzt HD ist eine angeborene Entwicklungsstörung des Hüftgelenks. Diese Krankheit, die auch bei anderen Tierarten vorkommt – allerdings bei weitem nicht so häufig –, wurde bei Hunden erstmals 1935 wissenschaftlich dokumentiert.

„Das Erscheinungsbild der HD ist in einer Instabilität der Hüftgelenke begründet mangels einer straffen Verbindung zwischen der Gelenkpfanne und dem Oberschenkelkopf. Dies führt zu veränderter Beanspruchung einzelner Gelenkanteile und zu Reizungen an Gelenkkapsel, Gelenkknorpel und den knöchernen Anteilen des Gelenks. Durch Abschliff und knorpelige und knöcherne Zubildungsprozesse kommt es zu Verformungen des Oberschenkelkopfes und zur Abflachung der Gelenkpfanne. Es entsteht eine Arthrose als verhängnisvolle Folge der HD, die erhebliche Schmerzen und Funktionsstörungen verursachen kann. Die klinischen Störungen werden – manchmal früher, manchmal später – durch Beschwerden beim Aufstehen und vor allem bei der Bewegung in Schritt und Trab auffällig."

Soweit Prof. Dr. Wilhelm Brass, Spezialist auf dem Gebiet der HD-Forschung.

Vor allem die großen Hunde sind von der meist erblich bedingten HD-Anfälligkeit betroffen. Inwieweit allerdings auch die Umwelt und die Ernährung Einfluß auf die Erkrankung haben, ist noch nicht restlos geklärt. Der SV hat als erster Rassehundezuchtverein der Welt bereits 1966 erste Initiativen zur planmäßigen Bekämpfung der HD ergriffen und für die Zuchtzulassung eine HD-Kontrolle vorgeschaltet. Diese wird im Alter von mindestens zwölf Monaten von einem autorisierten Tierarzt gewöhnlich unter Vollnarkose vorgenommen. Nach Abschluß des Skelettwachstums mit ca. 18 Monaten ist eine Erkrankung möglich.

Die Diagnose erfolgt durch die Röntgenaufnahme der Hüftgelenke, die von Spezialisten des SV begutachtet wird. Hierbei sind abgestuft die Bewertungen normal – fast normal – noch zugelassen – mittlere HD – schwere HD möglich.

Hunde mit mittlerer und schwerer HD erhalten vom Zuchtbuchamt des SV keinen „a"-Stempel in die Ahnentafel.

Es ist damit zu rechnen, daß in absehbarer Zeit auch die noch zugelassenen Grenzfälle (HD „noch zugelassen"), die ohnehin kaum in der Zucht verwendet werden, verschwinden.

Gesundheit geht durch den Magen

Richtige Hundeernährung

Wohl jeder Hundebesitzer möchte seinem Vierbeiner nur das Beste angedeihen lassen. Doch alle guten Vorsätze gelten nichts mehr, alles, was in der Hundeschule gelernt und auf dem Übungsplatz im Verein vermittelt wurde, ist wie weggeblasen, wenn dunkle Knopfaugen sehnsüchtig über den Tischrand schauen – da spricht dann oft nur noch das Herz. Es ist beileibe kein böser Wille, wenn ständig und allerorts Grundpfeiler der Hundeernährung umstürzen, denn eigentlich möchte jeder seinen Hund in jedem Lebensabschnitt art- und bedürfnisgerecht ernähren.

Für die Versorgung des Hundes mit Energie und allen lebensnotwendigen Nährstoffen, stehen dem Hundebesitzer in großer Auswahl Einzelfuttermittel (tierischer oder pflanzlicher Herkunft), Fertignahrung sowie Vitamin- und Mineralstoffpräparate zur Verfügung.

Für die Zusammensetzung der täglichen Ration aus Einzelfuttermitteln muß man zum einen den Nährstoffgehalt des Futtermittels genauestens kennen, zum anderen aber auch exakt den Nährstoffbedarf seines Hundes. Erst dann kann das Futter zusammengestellt und die tägliche Menge festgelegt werden.

Notwendige Futterbestandteile

Die einzelnen Nährstoffe haben verschiedene Aufgaben im Tierkörper zu erfüllen.

In welchen Mengen sie täglich dem Vierbeiner zugeführt werden, hängt von der jeweiligen Lebenssituation ab, davon, ob es sich um einen älteren oder jungen Hund, einen, der Leistung zu erbringen hat, wie zum Beispiel eine säugende Hündin, einen Dienst- und Sporthund, oder einen reinen Haus- und Familienhund handelt. Und auch hier gibt es Unterschiede im Nährstoffbedarf, je nachdem, ob es ein ruhiges oder ein lebhaftes Tier ist. Fertignahrung

beispielsweise bietet für jeden eine ausgewogene Kost.

Als lebensnotwendig (essentiell) ist Eiweiß zu nennen, dessen Qualität durch die Konzentration seiner kleinsten Bausteine – den Aminosäuren – bestimmt wird. Zehn Aminosäuren sind für die Erhaltung und für das Wachstum des Hundes lebenswichtig. Da der Organismus nicht in der Lage ist, diese Aminosäuren selbst zu bilden, müssen sie in der täglichen Nahrung enthalten sein.

Weiterhin braucht der Hund für seine Energieversorgung Fett, aber auch, um seinen Bedarf an essentiellen Fettsäuren, insbesondere an Linol- und Linolensäure zu decken.

Mineralstoffe sind anorganischer Natur und haben wichtige Stoffwechselfunktionen. Nach dem derzeitigen Wissensstand sind 22 Elemente lebensnotwendig und müssen demzufolge regelmäßig mit dem Futter aufgenommen werden.

Auch der Vitaminbedarf des Hundes steht im direkten Verhältnis zum Körpergewicht und zu den Leistungsanforderungen. Die fettlöslichen Vitamine (A, D, E, K) sind bei der Nahrungsaufnahme auf die Anwesenheit von Fett angewiesen und können in der Leber gespeichert werden, so daß sie nicht täglich im Futter enthalten sein müssen. Die neun wasserlöslichen Vitamine werden dagegen im Organismus nur begrenzt gespeichert, eine tägliche Zufuhr mit der Nahrung ist deshalb erforderlich. Viele Aspekte müssen berücksichtigt werden, um den Bedarf an Kohlenhydraten, Eiweiß, Fett, Mineralstoffen und Vitaminen zu decken und eine ausgewogene Ernährung in zu gewährleisten.

Die Ernährung des jungen Hundes

In den ersten vier bis sechs Wochen wird das Hundebaby von seiner Mutter gesäugt. Ihre Milch enthält alles, was so ein Hundekind braucht. Sollte sie einmal nicht ausreichen, gibt es beim Tierarzt speziell für die Welpenaufzucht Milchersatzprodukte.

Nach der Milchzeit beginnt noch beim Züchter für den Welpen die Umstellung auf feste Nahrung, die durch Zufüttern Schritt für Schritt erfolgt. Diese Umstellung ist ungeheuer wichtig für die weitere Entwicklung des Hundes. Denn von der Ernährung hängt es ab, ob aus dem Welpen ein gesunder, kräftiger und munterer Schäferhund wird, ob er widerstandsfähig gegen Infektionskrankheiten ist, seine Knochen sich richtig entwickeln und er eine kräftige Muskulatur bekommt. Absolut falsch wäre es, einen jungen Hund nur mit Fleisch zu füttern – und sei es auch das beste. Ein Hund braucht viel mehr als Fleisch, denn er ist von Natur ein Beutetierfresser, der vom geschlagenen Tier nicht nur Fleisch und Sehnen, sondern auch den Magen- und Darminhalt aufnimmt, der größtenteils pflanzliche Bestandteile aufweist.

Neben hochwertigem und gut verdaulichem Eiweiß braucht er wie gesagt Fett, Kohlenhydrate, Vitamine und Mineralstoffe. Und dies natürlich in einem ausgewogenen Verhältnis. Wenn Sie hier nicht aufpassen und zum Beispiel die Mineralstoffe und Vitamine bei der Fütterung nicht ausreichend berücksichtigen (auch ein Zuviel ist schädlich!), kann es besonders bei Hunden großer Rassen wie dem Schäferhund zu irreparablen Schäden kommen, wie zum Beispiel Skelettdeformationen (HD-Anfälligkeit!).

Hinzu kommt, daß ein junger Deutscher Schäferhund im Verhältnis zu seinem Körpergewicht wesentlich mehr Nahrung braucht als ein erwachsener. Dies ist verständlich, denn Hunde wachsen sehr schnell. Die Wachstumskurve flacht erst mit knapp einem Jahr deutlich ab. Mit etwa 19 Monaten hat der Schäferhund das Erwachsenenalter erreicht und wiegt dann durchschnittlich 35 kg. Hündinnen wiegen etwa 5 kg weniger.

Vergessen Sie nicht, daß Sie in der frühen Jugend Ihres Hundes seine Ernährungsgewohnheiten festlegen. Jetzt entscheidet es sich, ob er ein mäkeliger oder ein dankbarer Fresser wird.

Fertigfutter oder Frischfutter?

Viele Hundehalter, die rohes Fleisch füttern, argumentieren mit der Natürlichkeit („In der Natur wird auch nicht gekocht!") und vertreten damit eine hoffnungslos veraltete und falsche Ansicht.

Rohes Fleisch, das muß immer wieder deutlich gesagt werden, kann einen Hund schlichtweg krank machen. Rohes Schweinefleisch kann Viren enthalten, die die für Hunde absolut tödliche Aujeszkysche Krankheit verursachen, gegen die noch kein Mittel gefunden wurde. Menschen sind übrigens durch diese Viren nicht gefährdet! Auch enthält Frischfleisch Histamine (Gewebehormone), die zu Hautproblemen führen können.

Wer auf Frischfleisch nicht verzichten möchte, muß sich einen differenzierten Speiseplan zurechtlegen, um alle Nährstoffe, Vitamine und Mineralstoffe in ausgewogenem Verhältnis einzubeziehen. Ausgewogen, das heißt abhängig von einer ganzen Reihe individueller Faktoren reichlich Eiweiß und Kohlenhydrate (zwischen 25 und 50%) sowie in dosierter Menge etwa 5–10% Fett, und zwar bezogen auf die Futtertrockensubstanz.

Dazu kommen in ausreichenden Mengen Mineralstoffe, Vitamine, Ballaststoffe und Wasser.

Die Futtermittelindustrie bietet heute eine große Palette guter Fertigprodukte an, die Sie bereits ab dem Welpenalter von drei Wochen vorbehaltlos zufüttern können. Bedenken Sie, ein ernährungsphysiologisch wertvolles und ausgewogenes Futter selbst zuzubereiten, ist eine der schwierigsten Aufgaben, die man sich in der Hundehaltung stellen kann.

Der Hundeknochen

Noch immer herrscht vielfach die Meinung vor, daß vor allem große Hunde regelmäßig Knochen zur Stärkung des Gebisses erhalten sollten. Heute wissen wir, daß wir dem Hund damit keinen Gefallen tun. Ein Knochen gehört nicht in den Hundemagen, weil selbst seine starken Verdauungssäfte nicht ausreichen, große Knochen aufzulösen.

Hunde, die häufig Knochen fressen, haben einen harten und trockenen Stuhl, der schwer abzusetzen ist. Außerdem können Knochensplitter gefährliche Verletzungen hervorrufen und der Hund kann sich auch schon mal einzelne Zähne ausbeißen. Am besten gibt man ihm deshalb Kauknochen aus kräftiger Büffelhaut, die nebenbei noch die Zähne reinigen. Ab und an dürfen Sie Ihren Vierbeiner mit festem Hundekuchen verwöhnen.

Einige Fütterungsregeln

Wer auf drei bis vier Meter Entfernung bei den Atembewegungen seines Schäferhundes die Rippen noch leicht durchs Fell schimmern sieht, der hat sein Tier ausreichend ernährt. Dies gilt auch für den Junghund. Denken Sie daran, daß Ihr Hund in Ruhe verdauen möchte und nach der Fütterung grundsätzlich ein bis zwei Stunden Ruhe haben sollte.

Der Futternapf wird nach dem Füttern entfernt und gereinigt. Frisches, sauberes Wasser sollte immer bereit stehen, denn Wasser ist die Grundlage jeder Ernährung. Ein Hund ohne Wasser bleibt nur wenige Tag am Leben, ohne Futter hingegen kann er bis zur Hälfte seines Körpergewichtes abmagern, bevor der Hungertod eintritt! Er muß stets so viel Wasser aufnehmen können, wie er benötigt.

Wie oft Sie Ihren Hund füttern, hängt von seinem Alter ab. Die folgende Grafik soll Ihnen helfen, die Nahrung Ihres Hundes entsprechend seines Alters zu dosieren.

Das Hundefutter sollte immer Zimmertemperatur haben. Direkt aus dem Kühlschrank gehört es nicht in den Hundenapf. Wird der Welpe auf Fertigfutter umgestellt (zum Beispiel Pedigree Pal Junior), so sollte das sehr vorsichtig und in mehreren kleinen

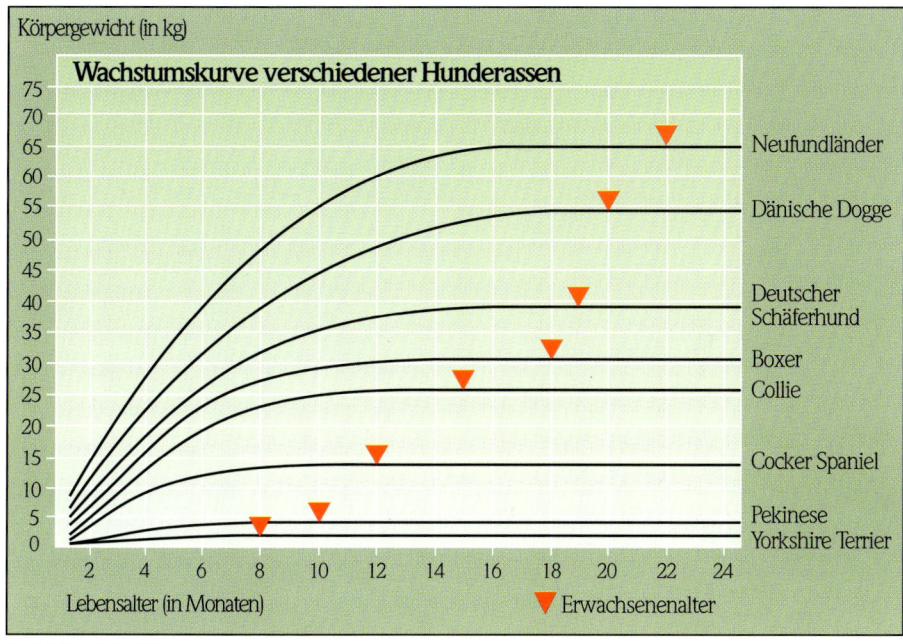

Körpergewicht (in kg)

Wachstumskurve verschiedener Hunderassen

Neufundländer

Dänische Dogge

Deutscher Schäferhund

Boxer

Collie

Cocker Spaniel

Pekinese
Yorkshire Terrier

Lebensalter (in Monaten) ▼ Erwachsenenalter

Quelle: Effem, Verden/Aller

Schritten erfolgen. Auch Welpen haben mal Durchfall, da der kleine Magen noch sehr empfindlich ist. Das kann auch vorkommen, wenn es etwas Neues zu fressen gibt. Ein Fastentag und etwas schwarzer Tee mit einer Prise Salz schaffen schnell Abhilfe. Darüber hinaus sorgen Sie bei Ihrem Hund für eine bessere Verdauung, wenn Sie das Futter auf mehrere kleine Mahlzeiten verteilen. Nehmen Sie dem Welpen nach 15 Minuten den Napf weg. Was er bis dahin nicht gefressen hat, erhält er zu einem späteren Zeitpunkt. Hier müssen Sie konsequent sein und sich nicht beeinflussen lassen: Sie bestimmen, wann der Hund etwas bekommt, denn Sie sind der „Rudelführer"! Außer dem regelmäßigen Futter sollte er nichts bekommen. So lernt er, nur zu fressen, was im Napf ist und was er von Ihnen bekommt. Dadurch vermeiden Sie auch, daß Ihr Hund bettelt und auch von der Straße keine Reste frißt, die ihm schaden könnten. Frisches Wasser sollte Ihrem Vierbeiner stets zur Verfügung stehen.

Nach etwa einem knappen Jahr, sollten Sie die Fütterung bei Ihrem Schäferhund schrittweise von der speziellen Juniorkost auf das Standardfutter für erwachsene Hunde umstellen. Hier noch einmal die häufigsten Fehler bei der Hundeernährung:

◆ *Fütterung von Tischresten*

Tischreste sind für Hunde ungeeignet, da sich der Nährstoffbedarf von Menschen und Hunden erheblich unterscheidet. Tischreste sind zudem meistens einseitig zusammengesetzt, enthalten zuwenig Eiweiß, Mineralstoffe und Vitamine und zuviel Kohlenhydrate (Soßen, Kartoffeln, Gebäck etc.). So bekommt Ihr Hund eine unausgewogene Ernährung, die dick macht und zu gefährlichen Mangelerscheinungen führen kann.

◆ *Verfütterung von rohem Fleisch*

Viele Hunde fressen zwar gerne Fleisch, doch damit sind ihre Ernährungsanforderungen keineswegs gedeckt. Ein Hund ist zoologisch gesehen ein Beutetierfresser. Sein wild lebender Urahn hat seine Beute mit Haut und Haaren, Knochen, Innereien und dem meist pflanzlichen Magen- und Darminhalt vertilgt und sich damit alle Nährstoffe besorgt, die er zum Leben brauchte.

Reine Fleischnahrung reicht dem Hund auf keinen Fall aus und kann zu irreparablen Skeletterkrankungen führen.

◆ *Übermäßiges Energieangebot*

Bedenken Sie stets, Süßigkeiten und andere Leckereien sind Gift für Ihren Vierbeiner! Denn sobald die mit dem Futter aufgenommene Energiemenge den Bedarf übersteigt, wird diese überschüssige Energie in Form von Fett gespeichert.

Jeder dritte Hund ist übergewichtig, vermelden die Tierärzte, und es werden vermehrt Funktionsstörungen der Schilddrüse und der Nebennierenrinde beobachtet.

Hinzu kommen oftmals Karies und somit Gebißprobleme.

◆ *Der Hund und die Knochen*

Wer seinem Hund einen Knochen gibt, meint es sicher gut, aber er tut seinem Vierbeiner keinen Gefallen. Auch die Vorfahren der Hunde haben in der freien Natur keine Knochen gefressen, sondern diese als Beuterest liegenlassen.

Denn das Kalzium der Knochen ist für Hunde schwer verdaulich, und es können schwere Verstopfungen auftreten. Hinzu kommen die Gefahren für Zähne und Gebiß.

Besser ist es deshalb, wenn Sie dem Hund für die Zahnpflege und als Gebißtraining Kauknochen aus Büffelhaut geben.

❧ Anhang ❧

er ist wer im Hundewesen

FCI   Federation Cynologique Internationale

Die FCI ist die Weltorganisation aller kynologischen Vereine. Bei ihr sind die Rassestandards der ca. 340 anerkannten Hunderassen hinterlegt, und von der FCI aus erfolgt die weltweit einheitliche Auslegung der Rassestandards. Ausstellungen und Prüfungen werden innerhalb der FCI nach einheitlichen Grundregeln durchgeführt. Zu den Aufgaben der FCI zählt auch, darauf zu achten, daß in den Mitgliedsvereinen wesensfeste, rassereine und gesunde Hunde gezüchtet werden, die den hinterlegten Rassestandards entsprechen. Für jede Hunderasse ist bei der FCI ein sogenannter Standard hinterlegt; das heißt, eine detaillierte Beschreibung der gewünschten Erscheinungsmerkmale (zum Beispiel Größe, Farbe, Haarart, Kopfform, Größenverhältnisse, Winkelungen und vieles mehr) sowie eine Charakterisierung der rassespezifischen Wesensmerkmale.

Federation Cynologique International
12 Rue Leopold II,
B–6530 Thuin, Belgien

VDH   Verband für das Deutsche Hundewesen

Der VDH ist der deutsche Dachverband für mehr als 160 Rassehundezuchtvereinen und reinen Hundesportvereinen als Mitglieder. In die Zuchtbücher des VDH werden jährlich ca. 100 000 Welpen eingetragen (davon knapp 30 000 Schäferhunde), gezüchtet nach den strengen Zuchtbestimmungen mit entsprechenden Wurfkontrollen. 210 der 340 anerkannten Hunderassen sind im VDH repräsentiert. Für 59 Standards sind die Zuchtvereine des VDH verantwortlich, da Deutschland Ursprungsland der Rasse ist.

Verband für das Deutsche Hundewesen (VDH)
Westfalendamm 174, 44141 Dortmund
Tel. 02 31 / 5 65 00-0

WUSV Weltunion der Vereine für Deutsche Schäferhunde

Da der Deutsche Schäferhund auf der ganzen Welt eine dominierende Stellung in der Hundezucht einnimmt, haben sich in allen Erdteilen eigenständige Schäferhunde-Klubs gebildet, die 1974 in die Weltunion der Vereine für Deutsche Schäferhunde zusammengeführt wurden.

60 Mitgliedsvereine werden heute durch die WUSV repräsentiert, die die Zucht und den Sport mit Deutschen Schäferhunden weltweit koordiniert. Seit 1988 findet jährlich eine eigene WUSV-Weltmeisterschaft für Deutsche Schäferhunde statt, an der neben dem Mutterland Deutschland über 20 Länder, darunter China, Japan, Israel, Argentinien, USA und Ungarn teilnehmen.

Die WUSV wird von der SV-Vereinszentrale in Augsburg betreut. Anschrift siehe SV.

SV Verein für Deutsche Schäferhunde

Der älteste und größte Rassehundezuchtverein der Welt wurde 1899 durch Rittmeister von Stephanitz gegründet und behauptet mit seinen mehr als 120 000 Mitgliedern seine Spitzenposition. In 19 Landesgruppen und über 2 000 Ortsgruppen verfügt der SV über eine flächendeckende Organisation in Deutschland. Die Verwaltung des Vereins wird von der Hauptgeschäftsstelle in Augsburg, in der 60 hauptamtliche Mitglieder und Mitarbeiterinnen tätig sind, geführt.

Verein für Deutsche Schäferhunde (SV) e. V.

Hauptgeschäftsstelle
Steinerne Furt 71/71 a
86167 Augsburg
Tel. 08 21 / 7 40 02-0
Fax 08 21 / 70 34 89

DHV Deutscher Hundesportverband – Geschäftsstelle

Gustav-Sybrecht-Straße 42
44536 Lünen
Tel. 02 31 / 8 79 49

SVÖ Österreichischer Verein für Deutsche Schäferhunde

Linzer Straße 342
A-1140 Wien
Tel. 02 22 / 94 22-49

SC Schweizer Schäferhund-Club

Buchenweg 12
CH-4600 Olten
Tel. 0 62 / 26 18 84

Interessante Fachzeitschriften rund um den Hund

SV-Zeitung
Monatlich erscheinendes offizielles Publikationsorgan des Vereins für Deutsche Schäferhunde. Erhältlich durch Mitgliedschaft im SV.

Unser Rassehund
Monatlich erscheinendes offizielles Organ des VDH. Erhältlich über die Mitgliedsvereine oder direkt über den VDH in Dortmund.

Partner Hund
Das Magazin von EIN HERZ FÜR TIERE. Erscheint monatlich im Zeitschriftenhandel.

Hunde-Revue
Das große illustrierte Hunde-Magazin. Erscheint monatlich im Zeitschriftenhandel.

Der Hund
Zeitschrift für den Hundefreund. Erscheint monatlich im Zeitschriftenhandel.

Hundewelt
Magazin für Hunde- und Freizeitsport. Erscheint monatlich im Zeitschriftenhandel.

Ein Herz für Tiere
Zeitschrift, die sich mit allem rund um Haustiere beschäftigt. Hierbei nehmen Hunde natürliche einen großen Stellenwert ein.

Empfehlenswerte Bücher

Titel	Autor	Verlag
Der Deutsche Schäferhund	Eva-Maria Krämer	Lehrmeister-Bücherei, 1985
Der Deutsche Schäferhund	U. Förster	FALKEN Verlag, 1993
Der Deutsche Schäferhund	A. Hacker	FALKEN Verlag, 1993
Deutscher Schäferhund	Krämer u. Winnig	Kosmos-Verlag, 1993
Deutscher Schäferhund	R. und C. Allan	Kynos-Verlag, 1990
Schäferhunde	Dr. E. Schneider-Leyer	Humbold-TB-Verlag, 1977
Vom Welpen zum Schutzhund	M. Müller	Verlagshaus Reutlingen Oertel und Spörer, 1975
Der erfolgreiche Hundeführer	M. Müller	Verlagshaus Reutlingen Oertel und Spörer, 1980
Ratgeber für den Hundefreund	E. Trummler	Piper, 1977
Hundeausbildung	Prof. Dr. Menzel	FALKEN Verlag, 1993
Erziehung und Ausbildung von Gebrauchs- und Diensthunden	J. Schoenherr	Selbstverlag SV
Der Hund	E. Zimen	Goldmann, 1988
Mensch & Hund	R. Bergler	edition agrippa, 1986
Agility macht Spaß! Bd. 1	R. Hobday	Kynos-Verlag, 1989
Agility macht Spaß! Bd. 2	R. Hobday	Kynos-Verlag, 1992
Hundepsychologie	D. Feddersen-Petersen	Stuttgart, 1992
Hundezüchtung in Theorie und Praxis	H. W. Schleger	Wien, 1986
Der Deutsche Schäferhund in Wort und Bild	Max von Stephanitz	Selbstverlag SV, 1989

Register

Zum Thema Hunde sind im
FALKEN Verlag u. a. erschienen:
„Erfolgreiche Hundeerziehung"
(Nr. 4808; auch als Video mit Nr. 6198)
„Hundekrankheiten" (Nr. 1604)
„Ein neues Zuhause für Streuner und
Tierheimhund" (Nr. 1512)
„Richtige Hundeernährung" (Nr. 811)

Danksagung:
Für die fachliche Beratung und Unterstützung bei der Erstellung des Buches danke
ich dem Verein für Deutsche Schäferhunde (SV), Augsburg sowie Pedigree Pal
(Fa. Effem, Verden/Aller) und der
Waltham Ernährungsberatung.

ISBN 3 8068 1513 5

© 1994/1995 by Falken-Verlag GmbH,
65527 Niedernhausen/Ts.

Umschlaggestaltung: Peter Udo Pinzer
Layout: David Barclay, Neu-Anspach
Nachauflagenredaktion: Dr. Gabriele
Schweickhardt
Titelbild: Reinhard-Tierfoto, Heiligkreuz-
steinach-Eiterbach
Fotos: Rolf Bender, Thaley-Theley: 58;
Bildagentur IPO, Linsengericht: 30, 40
45, 50, 53, 78, 79, 82, 86, 88; **Effem,**
Verden/Aller: 89, 96; **Fotostudio
Michels,** Darmstadt: 7; **Naturfotografie
Werner Layer,** Mannheim: 32, 33;
Reinhard-Tierfoto, Heiligkreuzsteinach-
Eiterbach: 1, 2–3, 11, 12 l., 12 r., 13 l.,
13 r., 14, 17, 18 21, 23, 25, 36, 38, 39,
42, 43, 47, 48 l., 56, 57, 66 r., 67 l.,
67 r., 80, 81, 93; **Schecker Tier &
Technik GmbH,** Südbrookmerland: 51,
76–77, 85, 87; **Reiner Voltz,** Darmstadt:
8, 9, 20, 24, 34, 41, 44, 48 r., 54–55, 60,
62, 64–65, 66 l., 68, 69, 70, 72, 73,
74–75
Herrn Voltz waren bei der Bildauswahl
behilflich: Verein für Deutsche Schäferhunde; Dr. A. Biller, Opfenbach, Maria
und Martin Göbl, Wildsteig; Schickinger
Druck und Verlag, Augsburg

Satz: DM-SERVICE, Rodgau
Druck: Druckhaus Cramer, Greven

817 2635 4453 62